"Gabel Nadare"...

No es nada

"Gabel Nadare"... No es nada

Osvaldo Ariel Canales Acevedo

Círculo Rojo
EDITORIAL

Primera edición: julio de 2025

Depósito legal: AL 5035-2025

ISBN: 979-13-7016-258-0

Impresión y encuadernación: Editorial Círculo Rojo

© Del texto: Osvaldo Ariel Canales Acevedo
© Maquetación y diseño: Equipo de Editorial Círculo Rojo

Editorial Círculo Rojo
www.editorialcirculorojo.com
info@editorialcirculorojo.com

Impreso en España — Printed in Spain

Por faltar a sus últimas ocho celebraciones de cumpleaños, dedico este libro a Olga, Maritza y Catalina.

CONTENIDO

AGRADECIMIENTOS 11

INTRODUCCIÓN 13

I. AL OTRO LADO DEL MUNDO 15

II. DELIRIOS DE UN OCCIDENTAL 17

Mi primera semana en la República Islámica de Irán.... 17

Vivencias de un árbol.. 18

Lecciones de la primera semana.................................. 20

¿Cómo se lo digo 20

Comprar.. 21

Ni alcohol, ni fiestas, ni sexo 22

Comer, rezar y no amar... 22

II. DE PERSIA A IRÁN 27

Palpando una de las civilizaciones más antiguas del
planeta.. 27

Atrapado en Teherán.. 29

Guilán «Verde que te quiero verde.............................. 31

Kandován «La Pequeña Capadocia» 35

Qazvín tiene su propio podcast. Meh va Raz............... 38

Hamedán La cueva de Ali Sadr 43

Majunik o «Liliput de Irán... 46

Mashad «La Cúpula Dorada» 49

Kashán-Abyaneh «El Agua de Rosas» 51

40 botellas de vidrio de agua de rosas 52

Abyaneh 55

Isfahán «La Mitad del Mundo» 57

Shiraz-Persépolis-Yazd «El Imperio Persa» 59

Dezful y Shush. Cumpleaños 44 62

Un hombre de la generación X en una ciudad vieja y
maravillosa 68

Kermán «El punto más caliente del planeta» 71

La perla del Golfo Pérsico. El puerto y las islas 73

Una voz del Golfo Pérsico 6

La niña del puerto 78

Chabahar Mentat war Waja (Gracias, Señor 83

Yolfa Conocer la triple frontera por Tarof 88

PENSANDO EN EL RETORNO 91

REGRESO 91

AGRADECIMIENTOS

Viajar tiene un aire distinto, es estar en un aula a cielo abierto, sobre ruedas, sobre rieles o en un avión. En este camino agradezco a mis profesores, Seyed, Kachouie, Saeedi y la Doña. Este libro es también un reflejo de su presencia en mi vida.

Sin olvidar a Nossa, Maral, Haniyeh, Danny, Hosseini, Adel, Hamed, Ali, Fahimeh, Abedín, Homa, Zeinab, Mona, Mina, Majid, Haleh y Amir…

Y a todos y todas gracias por ser parte de este viaje, por enseñarme, inspirarme y acompañarme en cada paso.

Alicia Rodríguez Martínez, no puedo dejarte fuera de esto, eres parte de cada línea, estando sentada a mi lado en el trabajo o a través del chat, gracias amiga por editar este escrito. *Qabel-e shomaro nadare.*

INTRODUCCIÓN

Desde que tengo uso de razón, he albergado un deseo irrefrenable de viajar, conocer y experimentar. Es casi una necesidad biológica que he logrado materializar poco a poco.

Cada fin de año, con cada ritual de bienvenida al nuevo año, intentaba salir corriendo con una maleta o un bolso. Crecí en el campo, en un sector llamado Las Arañas, de la pequeña comuna de Chépica, en la zona huasa de Chile.

Mi primer vuelo no fue hasta después de los 20 años, y hoy, con más de 40, miro en retrospectiva, a más de 15.000 kilómetros de distancia de mi país, mi familia y mis costumbres.

Recuerdo que, al terminar la secundaria y con el sueño de ser actor, acabé estudiando periodismo. ¿Por qué? Pues bien, porque antes de cumplir los 18, pensaba que, por mucho que amara las tablas, las novelas o las películas, ¿quién era yo para pensar en un futuro distinto a lo que generalmente sucede? Imaginaba una vida de trabajos temporales y, de tener suerte, conseguir una carrera medianamente estable.

El periodismo requiere mucho de actuación, y aunque no era un tipo serio ni intelectual, mi rol era aparentarlo. Así que elegí ese gran papel para mi obra personal en mi teatro imaginario.

Por supuesto, los comienzos no fueron fáciles, ni lo son ahora, pero los años pesan y a estas alturas uno aprende las reglas del juego. Así fue como, mezclando el afán de viajar, la pasión de actuar y el impulso de no pensarlo demasiado, en el año 2012 terminé presentando un programa que no era de mi gusto, en un canal que poco conocía y en un país que atravesaba una fuerte crisis sociopolítica, con una economía en picada: Venezuela.

La experiencia me dejó un sabor amargo, una frustración profesional, un par de buenos amigos y el deseo de superar lo que para mí fue un estrepitoso fracaso.

Tras unos meses, regresé a Chile, ocultando el sabor amargo y convirtiendo esa mala experiencia en un par de historias para contar, sin dar detalles de las sombras que ni siquiera yo mismo quería escuchar.

Cinco años más tarde, sucede algo que cambia mi perspectiva de las cosas y que me lleva a escribirles hoy. Uno de los amigos que hice en Venezuela, Danny Pérez Días, me contacta y me dice que, al otro lado del mundo, buscan un periodista–presentador de informativos. Algo que a esas alturas yo podía construir. Un profesional creíble, medianamente instruido, con experiencia y con uno que otro éxito que, a tanta distancia, nadie podría rebatir. Es allí donde comienza esta historia.

I. AL OTRO LADO DEL MUNDO

Donde nadie me conoce, donde no domino el idioma, donde mis costumbres no importan

A 15.012 kilómetros de mi hogar, de mi Chile, se encuentra Irán, un país del que poco o nada se habla en mi tierra natal. Un territorio de contrastes, anclado en el siglo XV, donde nada, pero nada, se ajusta a mi estructura mental.

Más de 80 millones de personas te dan la bienvenida y en sus calles no se siente ese peligro que uno esperaría encontrar. Una cultura en la que la amabilidad es una de sus máximas expresiones. Es aquí donde conocí el *tarof*. La primera vez que escuché la frase: *Qabel nadareh*, no la entendí y claramente no pude dimensionar su significado. ¿De qué se trataba todo esto?

Por ejemplo: un o una iraní te invita a cenar o te ofrece algún tipo de ayuda, aunque no te conozca, y tú declinas su amabilidad, insistirá dos o tres veces para convencerte. Si tomas un taxi, el conductor, al llegar a tu destino, te dirá que no es nada. Casi siempre surgirá una pequeña lucha por decir: «No, gracias», y el taxista responderá: «No es nada» o «*Qabel nadareh*». Obviamente, jamás debes irte sin pagar, pero esa insistencia en servirte desinteresadamente es algo que difícilmente encontrarás en otra parte del mundo.

Si te nace decirle a un iraní: «¡Qué lindo reloj llevas!» o «¡Qué bonita es tu camisa!», nuevamente resonará ese *Qabel nadareh* que nunca más dejarás de escuchar mientras estés en territorio persa.

Recuerdo mis primeros días. Estaba en una carretera, perdido, como suele ser mi costumbre. Le pregunté por una dirección a una chica que pasaba por allí y le dije que quería tomar un taxi. Ella, sin conocerme, detuvo un taxi, habló con el conductor, le indicó a dónde iba y, sin darme tiempo a reaccionar, pagó el servicio. Yo, sorprendido, le dije que no podía aceptar, pero ya era tarde. Me dejó en el vehículo y se marchó, perdiéndose entre las bulliciosas calles de Teherán.

Irán se distingue por su gente y su hospitalidad. La vida en las ciudades transcurre entre la modernidad y las tradiciones, pero la cultura de la hospitalidad es igual en todas partes.

Por eso, este relato lleva por título *Qabel nadareh*, porque Irán te marca de distintas formas. Te impacta con su historia, te envuelve con sus interminables rincones, te sorprende con sus diferencias, te atiende de la mano de su gente y te atrapa en el pasado. Un viaje en el tiempo que comenzó en marzo de 2018 desde Chile, pero que me llevó al mes de favardín de 1398 en Irán. Desde entonces, han pasado cuatro años y aquí sigo. Vivo en el año 1401, pero con conexión a wifi.

II. DELIRIOS DE UN OCCIDENTAL

Mi primera semana en la República Islámica de Irán

Cuando surgió la idea de venir a Irán, no lo pensé dos veces. Lo vi como una nueva aventura, la consagración de mi súplica al universo por conocer algo totalmente distinto, justificar esa necesidad biológica de exilio, comprender la compleja naturaleza de mi persona que, a ojos de otros, se niega a envejecer, entender el pensamiento de Asia Occidental y, por supuesto, explorar una oportunidad laboral. En realidad, este último punto solo sirve para justificar todo lo anterior. Como si dijera: «Vine por trabajo».

Cambiar aquello que medianamente dominas por algo diametralmente opuesto es como renacer, y para mí fue precisamente eso. Al igual que un recién nacido, llegué hecho un cerdo a este mundo, luego de más de 30 horas de viaje y sin haberme duchado. Literalmente, era un recién parido.

Del aeropuerto al canal para buscar las llaves de mi departamento en Teherán. Todo muy bonito. Lo vi como mi jaula (ya entenderán por qué).

95 metros cuadrados, con una amplia sala, una cómoda cocina integrada, dos habitaciones y, escuchen bien: dos baños. No podía creer tanta maravilla pensada para este pobre latino, originario de Chépica, un pueblo perdido en el confín del mundo.

La sorpresa vino luego, cuando comencé a recorrer mi departamento ubicado en el Boulevard Ferdos, una zona muy linda de la capital.

Bueno, les cuento, un baño era de color rosa princesa, pero bien occidentalizado, mientras que el otro, café al estilo iraní. Y cuando digo estilo… ¡qué estilo! Tenía un hoyo de esos que están diseñados para que uno doble las piernas y haga lo que tenga que hacer a la antigua usanza. En ese instante decidí que el baño rosa princesa sería el mío, al menos hasta nuevo aviso.

A la par de mi nuevo hogar, estaba mi nuevo trabajo, con nuevos compañeros, un nuevo sistema y un nuevo idioma que aún no domino del todo. He aprendido lo básico para saludar (¡*Salam! ¿Chetori?*), dar las gracias (¡*Mersi!*) y despedirme (¡*Joda hafez!*).

También aprendí que vivía en el año 1398, que el calendario persa era como el horóscopo, que el fin de semana acá es jueves y viernes, que los seis primeros meses tienen 31 días, los siguientes cinco 30 y el último 28, siendo bisiesto cada cuatro años.

¿Qué otras cosas? Que a las mujeres no se les toca en el trabajo, que no puedo usar shorts (ni siquiera en mis redes sociales), que no hay fiestas ni alcohol. Que hay mezquitas y mausoleos y que el taxi que me lleva a mi trabajo y me trae de vuelta a mi jaula no me esperaba, así que debía ser puntual.

¿Y por qué jaula? Porque aún no me atrevía a salir solo, no tenía internet ni televisión por cable, y mis vecinos eran chinos o africanos, ¡lo que dificultaba cualquier tipo de interacción, salvo un «*Hi*» al sacar la basura!

Vivencias de un árbol

Cuando estás, pero no te escuchan, cuando hablas, pero no te entienden, y cuando intentas comunicarte, pero no puedes, te conviertes, básicamente, en un árbol. Eso era lo que yo sentía cada cinco minutos al estar rodeado de personas. Lo importante es que, en ese momento, aprendí a sonreír, tratando de parecer natural.

En mi primera salida de exploración, decidí visitar el Gran Bazar, un centro comercial con más de 2000 años de historia, cuya estructura actual data de hace al menos dos siglos. El taxi demoró unas dos horas, comenzó a oscurecer, y Teherán, al caer la noche, se vuelve aún más enigmático.

Junto a mi amigo Danny Pérez, que me llevaba siete meses de ventaja en este país, logramos tomar un té en *Hach Ali Darvish Tea House*, la tetería más pequeña del mundo. Con apenas dos metros de ancho, su dueño es hijo del fundador, quien abrió el local en 1918. A pesar de su avanzada edad, por unos dos dólares ofrece, aproximadamente, la posibilidad de elegir entre seis variedades de té y te obsequia una moneda especial del local. Además, con un aire muy *millennial*, se toma una foto contigo y la sube a su cuenta de Instagram, que cuenta con más de 8200 seguidores. Un verdadero ídolo.

Esta tetería, un punto tan pequeño y tan único, ha logrado cautivar e inspirar a cadenas como CNN, NatGeo, Home and Help, Animal Planet, y prácticamente cualquier canal occidental que cuente con recursos para mostrar las excentricidades de Asia Occidental.

Luego, tuvimos que buscar un baño, debido a la caminata, el té y la necesidad de aliviar la vejiga. Nos adentramos por calles llenas de gatos, pero sin perros, ya que los mejores amigos del hombre en Occidente, acá, son catalogados como animales impuros. Cuando finalmente dimos con los baños, nos llevamos otra sorpresa: eran como el espacio café de mi departamento. El hoyo en el piso, la manguera de agua en la pared y el hedor a orina centenaria. Por muy lindo, patrimonial y turístico que sea el Gran Bazar, no pude evitar pensar cuántos personajes habrán marcado territorio en este espacio.

Otro lugar que visité en estos, mis primeros siete días en tierras persas, fue uno de los mausoleos sagrados del país, la mezquita de Tajrish, donde reposan los restos de un descendiente de uno de los imanes del profeta del Islam. Una arquitectura impresionante, techos adornados con artesanía de espejos, en el piso alfombras persas, ¡obvio! Todos leyendo el Corán y yo tratando de desafiar las leyes de no fotografiar el interior.

Después, el Bazar de Tajrish, un espacio más moderno y organizado que el Gran Bazar, con la misma magia del Gran Bazar, pero sin ser el Gran Bazar, con sus paredes de más de 200 años, sus gatos y sus baños persas.

Lecciones de la primera semana

1. Buscar aplicaciones que me hagan más amigable mi analfabetismo en farsi.
2. Escribir para que no se me olvide
3. No tocar a las mujeres
4. Estudiar más acerca de los conflictos en Asia Occidental
5. Ver cómo incorporo a mi Snap (aplicación similar al Uber en Occidente) la dirección predeterminada de mi departamento en Teherán
6. Orinar siempre antes de salir de casa
7. Y aprender más palabras en farsi para comunicarme en su idioma.

¿Cómo se lo digo?

Llegar a un país donde la cultura es diametralmente distinta puede ser un gran desafío, pero también un gran dolor de cabeza. Desde preguntar por una dirección hasta comprar alimentos, todo lo que compone la canasta básica de un soltero.

Y les digo, en los primeros 12 días desde mi aterrizaje en estas tierras, me han dicho de todo. Por ejemplo, cada mañana un taxi viene a recogerme para llevarme al trabajo. Me levanto a las 5 a.m. para estar listo a las 6 a.m. y comenzar mi turno a las 7 a.m. Sí, todo muy «a.m.».

Así como yo me esfuerzo por comunicarme, las amables personas de este acogedor país también hacen su parte. He aprendido a decir:

!*Salam*! ¿*Chetori*?: ¡Hola! ¿Cómo estás?

Jubam: Estoy bien.

Bebajshid: Disculpa.

Lotfan: Por favor.

Joda hafez: Hasta luego.

¿*Chande*?: ¿Cuánto cuesta?

¿*Che jabar*?: ¿Qué pasa?

Sin embargo, en su afán por agradar, los iraníes a veces me sorprenden. En lugar de un simple «¡buen día!» en inglés, me miran y dicen: «*I love you*», dibujando en mi rostro una expresión de incomodidad y una sonrisa al mismo tiempo. Otra frase que se le ha escapado al conductor del servicio de taxi es un «*I like you*». Y entonces pienso: ¿entenderán realmente lo que me están diciendo?

Comprar

El chico del negocio es otro cuento. Para poder alimentarme, he resuelto recurrir al diálogo más primitivo del ser humano. Para comprar unas simples croquetas de pollo, partí preguntando: «¿Son de… *chicken*?»… Nada. «¿Son de pollo?»… Nada. «¿Piu piu?». Y el tipo contestó: «*Nah… fish*».

Le indiqué: «¡Ah, no! Eso no me gusta». Entonces se dirigió al congelador, sacó una caja, ¡se agarró un pecho! y exclamó: «¡Kokorocó!». Entendí que su mano en su pecho, su cara de «¿me entiende?» y la fonética «kokorocó» lograron dar con mi requerimiento: ¡croquetas de pechuga de pollo! «¡*Afarin*!», que en persa significa «¡perfecto!».

De ahí a sacar toda la billetera para que el dependiente se cobrara él mismo, porque aún no dominaba los valores en ese momento. Mientras tanto, en mi bolsa cargaba una gaseosa, una pizza y otras cosas fundamentales en la dieta de lo improvisado.

Ni alcohol, ni fiestas, ni sexo

La «regla de tres», que entiendo necesaria en esta sociedad, y que considero el estado más puro del ser humano: hígado limpio, horas de sueño adecuadas y control de la maternidad, las enfermedades y el deseo casual.

Creo que pasará mucho tiempo antes de volver a decir «la del estribo», un dicho popular del borracho promedio chileno que insiste en tomar hasta que el costalazo avise que es suficiente.

¿Y las fiestas? Las extrañaré, así como hacer la previa, el ir al 2 por 1 y el *happy hour*, porque simplemente no hay donde.

Comer, rezar y no amar

El paraíso del condimento, donde el azafrán es el rey, te permite probar deliciosas preparaciones y una mezcla de olores. Si bien aún no comulgo con la cocina criolla de Irán, de a poco veré cuánto estoy dispuesto a degustar. La mezcla de sabores es notoria, el trabajo en su preparación casi sublime, diría yo. El arroz que en Chile tarda 20 minutos en prepararse, con dos medidas de agua por una de arroz, acá puede sonar un insulto.

Se lava este cereal varias veces y una hora como mínimo se hace esperar. Ah, pero eso puede ser poco, comparado con el tiempo que lleva degustar un buen *Qorme Sabzi*, considerado el plato nacional, siendo muy popular en Irán. Tiene diferentes variantes, que se basan en la diferencia entre frijoles y carne y que fácilmente puede demorar unas cuatro horas su preparación. Tiempo que se destina en la cocina persa al *Fesenyún*, un guiso que proviene de las verdes colinas y la costa del norte del país, donde crecen granadas y nogales. Tomando el sabor de la tierra.

Y qué hablar del *Abgúsht*, un guiso que también se le llama *Dizi*, que hace alusión a las tradicionales vasijas en las que se sirve. Algunos lo describen como un «cordero abundante». Cada uno de estos exponentes de la gastronomía persa requiere paciencia, destreza y amor a la cocina.

Para rezar, están las mezquitas; toda una fuente de inspiración, sumisión y Corán. Mi favorita en la capital está en el Mausoleo de Imamzadeh Saleh, en la zona norte de Teherán, en la plaza Tajrish. Sin ser religioso, es un lugar para tomar fotografías durante los rituales musulmanes, para ver la nieve sobre su cúpula en invierno y el arte de espejo en sus murallas y techo. Pero, para gustos, colores, como se dice, porque estos centros religiosos abundan en cada barrio o zona y, al caer la noche, generalmente están iluminados y por los parlantes se anuncian las horas del rezo. Los musulmanes chiíes rezan tres veces al día, a diferencia de los suníes, que lo hacen cinco veces cada día. ¿Yo? Yo no rezo. Me suscribo a esa frase que busca explicarse de otra forma a Dios. «Dios está en los detalles», en los atardeceres, en las buenas obras, en los niños y en los animales. Dios quizá está en las plantas, en el agua o la respiración. Dios está en la vida que cada uno decide vivir. Dios quizá está en el primer llanto cuando se nace o en el último respiro. En la templanza de la gente grande. Está en los hermanos, en los padres o en el amor mismo. En el arte, allí también está. Y en mi vida logro ver el arte en las iglesias, en las capillas, en las mezquitas y sinagogas. En el amor propio y en una taza de té o en un mate al costado de un brasero. En cada momento que aprecias, quizá ahí está ese Dios que tantos buscan y que no logran reconocer. En lo inexplicable, definitivamente allí está esa energía.

Y amar, pues no será posible. Mi amiga Luisa, me aconsejó una vez: nunca te enamores de las personas, enamórate de los paisajes. Ese consejo acá puede hacer la gran diferencia entre: vive tranquilo o sufre pecador.

En Irán el amor se consagra en el matrimonio y yo nunca he pensado en casarme. El amor está en los rituales y en los hijos y yo no quiero hijos. Cuando llegué a este país, me dijeron que no hay hijos fuera del matrimonio. Y yo pregunté: ¿y qué pasa con una madre soltera? algo muy común en Chile. Pues acá no se maneja esa figura. Pocas parejas se toman de la mano, y no veo besos en las calles. Entonces, es mejor hacer una pausa, mi propio celibato. Donde fueres, haz lo que vieres, dice la frase. ¿Soltero? Sí, soltero. No daré más explicaciones, ni me casaré.

Claro que eso ha tenido sus costos, pero los asumí al momento de emprender este desafío. En general, las religiones, independiente de la que sea, manejan mucho el concepto del pecado y la culpa, y bajo esa premisa, claro que he pecado, de pensamiento, palabra, obra y omisión. Pero ¿quién no lo ha hecho? Le preguntaría yo a María Magdalena.

Para alguien que no tiene religión, es todo un descubrimiento el vivir en la región donde surge todo. Desde donde se expanden las distintas creencias y donde estos mismos pensamientos siguen generando desencuentros bélicos en nombre de Dios.

Me quedo con lo siguiente:

Quizá también amé al señor del taxi que me dijo: «I love you», porque entendí que detrás de esa frase había una noble causa. Tal vez, también me gustó el señor que me gritó: «I like you», porque su manera poco formal de ser era más atractiva que la de alguien que solo se levanta por cumplir en las mañanas, olvidando la pasión que alguna vez tuvo por la vida.

Destaco al señor de la pechuga de pollo que me nutrió por dos días y, de paso, agradezco a Alexis Sánchez, el «Niño Maravilla», porque, cuando me preguntan de dónde soy, respondo: «Chili, South América». Y de inmediato me responden: «¿Alexis Sánchez?». Yo digo: «Síí, ¡el mismo!». Entonces entiendo que el fútbol es más universal que los premios Nobel o incluso la política y qué hablar de religión. Aquí nadie conoce a Santa Teresa o San Alberto Hurtado, dos santos chilenos que nacieron en familias acomodadas y que el amor a Dios los hizo milagrosos. ¿Habrían sido santos de no haberse apellidado Fernández Solar o Hurtado Larraín?

Bueno, allí me quedo, amo, amo con locura esta experiencia, veo a ese Dios de quien les hablo en cada uno de estos ejemplos, me he convertido en un pecador reformado, como San Agustín. Su frase fue: «Señor, concédeme la castidad y la continencia, pero todavía no». Un personaje nacido en la actual Argelia que tuvo una vida llena de placeres mundanos hasta que se convirtió al cristianismo y pasó a ser un gran filósofo y teólogo.

II. DE PERSIA A IRÁN

Palpando una de las civilizaciones más antiguas del planeta

Todo lo que pueda contarles de Irán será poco; esta tierra guarda una historia increíble que se sigue construyendo.

Irán conserva vestigios de ocupación humana y restos culturales que abarcan casi toda la Edad de Piedra. En el Baluchistán iraní se han encontrado herramientas líticas pertenecientes al complejo tecnológico que se extiende desde el Baluchistán pakistaní. Dichos objetos, datados en el Paleolítico inferior, tienen una antigüedad estimada de 12 000 años.

Desde el 3200 a.C. hasta el 2700 a.C., florece la civilización Protoelamita. Posteriormente, hasta el siglo VIII a.C., surge el Imperio medo, cuando un conjunto de tribus iranias pone fin al poder asirio, simbolizado en la toma de la ciudad de Nínive. Sin embargo, es entre los siglos VII y VI a.C. cuando surge lo que es más familiar a mis oídos: el Imperio persa. Para el siglo II a.C., varios pueblos ya hablaban dialectos del persa antiguo.

Me quiero detener aquí para destacar que el Imperio persa hace referencia a una serie de dinastías imperiales que se concentraron en la región de Persia desde el siglo VI a.C., comenzando con el reinado de Ciro II el Grande del Imperio aqueménida, hasta el siglo XX con la dinastía Pahlavi.

La primera dinastía fue fundada por los aqueménidas, bajo el liderazgo de Ciro II el Grande en el año 550 a.C., tras la conquista de los imperios medo, lidio y babilónico. Su avance fue tal que cubrió gran parte del mundo antiguo hasta su eventual caída a manos de Alejandro Magno. De hecho, Persépolis, uno de los sitios históricos más famosos relacionados con el Imperio persa en la era aqueménida, fue declarada Patrimonio de la Humanidad por la Unesco en 1979.

En la Edad Media, entre los años 651 y 1501, encontramos el Imperio timúrida, y si avanzamos en el tiempo, hacia la Edad Moderna (1501–1796), tendremos la zona en manos de la dinastía Safávida (1501–1736) y la dinastía Afsárida (1736–1796). A partir de ahí, ya hablamos de la Edad Contemporánea (1796–1979), con la dinastía Kayar (1796–1925), seguida por la dinastía Pahlavi, que gobierna entre 1925 y 1979.

En este período, el relato cambia ya que, hasta 1935, el territorio era conocido en Occidente como Persia, un nombre derivado del griego *Persis*, que hacía referencia a la nación irania, su pueblo y sus antiguos imperios. Desde esa fecha, su nombre cambia a Irán, y un par de décadas más tarde, esta historia de dinastías y reyes llega a su fin.

Revolución islámica

A comienzos de 1978, en enero, comenzaron las manifestaciones contra el shah. Para septiembre de ese año, la revuelta se había generalizado, promovida por el ayatolá Ruholá Jomeini desde el exilio. El shah Mohammad Reza Pahlevi, que hasta ese entonces contaba con el apoyo de Estados Unidos, termina abandonando el país en enero de 1979.

El 1 de febrero de ese mismo año, el ayatolá Jomeini regresa a Irán desde su exilio en París. El ejército se declara neutral después de que el movimiento revolucionario superara en número a las tropas leales al shah y, por ende, Irán se convierte finalmente en una República Islámica, luego de que el pueblo aprueba, mediante un referéndum, el cambio de sistema el 1 de abril.

Atrapado en Teherán

Por la comida, el viaje 602 años al pasado, los frutos secos y los palacios.

¿Han sentido que un lugar es infinito de conocer?

Así es la capital persa, con más de 20 millones de almas en sus calles, un frío que cala hasta los huesos en invierno y un calor que te abraza y no te suelta en época estival.

Sonora como cualquier otra capital, pero tranquila para caminar por las noches, lo cual es extraño para una ciudad capitalina.

Si no es urgente, no salgas entre las 4 y las 8 de la tarde, ya que el tráfico y la ley del más vivo hacen de la urbe un caos, que resulta hasta hermoso en la puesta de sol.

Y nada, pero nada, se compara con la sensación de vivir la historia al cruzar las puertas de los distintos palacios, vestigios de las herencias dinásticas. Desde Ciudad Rey, la zona sur de la metrópolis, donde comenzó esta capital, hasta contemplar la Torre Milad, una de las antenas más altas del mundo. O la Torre Azadi, o Torre de la Libertad, uno de los emblemas del país. Una libertad muchas veces cuestionada y otras tantas admirada.

Yo solo observo, como un invitado que se pierde entre el ruido, los atascos, las mezquitas, los chadores y las farmacias que abundan en cada rincón.

Tan verde como Teherán lo hace posible, tan gris como el mármol de sus edificios la muestra, y tan tradicional como su calendario islámico le marca. Te invito a caminar por las calles del centro en el mes de Muharram, durante los días de Tasúa y Ashura. Todo por el martirio del Imam Husein. Las filas para recibir la comida sagrada de una historia escrita hace más de 1400 años. Y, aunque me choque, los corderos a la espera de ser sacrificados en plena calle, mientras suenan las bocinas de los automóviles.

Es vivir en ese pasado de los rituales, el presente de la congestión y la contaminación, a la espera de una buena fotografía que me permita capturar el momento. Ese instante que me atrapó hace casi seis años y que, aunque debo, me resisto a abandonar.

Y ese *Qabel nadareh*, que nunca más saqué de mi cabeza.

Guilán
«Verde que te quiero verde»

Me fui al norte, donde escapan los iraníes principalmente en días festivos. Dependiendo del destino, serán tres o cuatro horas las que les llevará dejar la capital y adentrarse en áreas verdes, boscosas, frescas y relajantes.

Así que tomé mi bolso y mi primer destino fue Masal, un pueblo entre las montañas que parece colgado del mismo cielo, al tener las nubes a los pies. Pero, ¿qué creen? La suerte no estuvo de mi lado: ni banco de nubes, ni cielo, ni nada. Todo despejado, absolutamente en HD, alta definición. No hubo caso, subir a lo alto fue ver un paisaje maravilloso, verde, majestuoso y real.

Entonces, sin las fotos de los prometidos bancos de nubes, bajé de la montaña. Esa noche dormí en Rasht, una ciudad hermosa. Salí a caminar y la niebla me envolvió. Aquí sí encontré el cuento de una noche oscura y misteriosa, húmeda y casi sacada de una película de suspenso. No se veía nada más allá de mi humeante taza de café mientras caminaba entre edificios que parecían una pintura de témpera.

Nota de bitácora: debo volver a Rasht y al pueblo sobre las nubes de Masal.

Al día siguiente, temprano, fui a conocer Masuleh, a 55 kilómetros de la ciudad de Rasht, en una zona montañosa y forestal, en las laderas rocosas, a 1050 metros sobre el nivel del mar.

La ciudad de Masuleh parece una escala. Las áreas frontales de las casas y los techos se usan como veredas. El patio de la casa superior es el techo de la inferior. Su arquitectura única en el mundo la ha llevado a estar registrada en la Lista del Patrimonio Nacional como patrimonio cultural y natural. Es una de las atracciones turísticas del norte de Irán, con sus altas montañas, bosques y paisajes exuberantes.

El punto más alto de la montaña alcanza los 3050 metros. Aquí, el turismo es la base de la economía, por eso, el lugar se adapta a los amantes del *trekking*, a los apasionados de la fotografía, a los aspirantes a escritores, a los románticos, a los sibaritas y a los consumidores de artesanía.

Nota al pie: debo volver a Masuleh.

Rudján es el nombre de un castillo construido en lo alto de una montaña, a 30 kilómetros de Fuman, en las proximidades de la norteña ciudad de Rasht. Con una superficie de 2,6 hectáreas, cuenta con 65 torres y una muralla de 1500 metros de longitud. Según los historiadores, la fortaleza fue erigida en la época de los sasánidas, entre el 224 y el 651 a.C., y restaurada durante la era de los selyúcidas. Para llegar a la fortaleza, ubicada entre los 665 y 715 metros sobre el nivel del mar, hay que subir una larga escalera de 1000 peldaños. Si eres experto en *trekking*, esta será una buena ruta; si eres un principiante, puede ser un tremendo desafío.

Si tienes suerte, verás este imponente lugar, que es toda una postal de la zona, pero si no, te puede pasar lo que a mí: el castillo estaba cerrado por reparaciones. Llegué exhausto a sus puertas para encontrarlas cerradas y el interior inaccesible. 1400 años de historia y justo ese día decidieron repararlo. Viviré esta vida tranquilo, y si existe la reencarnación, lo haré en un cuerpo que sienta que tengo algo inconcluso y volveré a Rudján ya reparado, para por fin fotografiarlo.

Reflexión: Volvería a subir los 1000 peldaños para recorrerte, Rudján, en esta vida o en la otra.

«Si Dios existe, está en los detalles», dicen los arquitectos, pero esa frase la robé para describir lo que había visto en distintas publicaciones sobre uno de los humedales más grandes y hermosos del mundo: la laguna de Anzalí.

Este lugar abarca unas 374 000 hectáreas y su profundidad máxima es de unos cinco metros. Las flores de loto de la laguna Anzalí son una de las atracciones más hermosas, y cada año miles de turistas, tanto nacionales como de otros países, llegan a este espacio, y yo no iba a ser la excepción.

Ahora bien, nadie me dijo que el otoño no era la época y me adentré por esas aguas, que por la fecha se mostraban de color marrón, sin hojas de la famosa flor de loto. La opción fue bajar a un lugar con animales, caballos y vacas pastando en lo verde, y fue así como mi álbum personal se quedó sin las fotografías sobre las nubes, sin el Castillo de Rudján y sin mis tomas sobre el bote que se abría paso por los hermosos jardines de loto.

No, Anzalí no me lo dio a mí, así que dejé ese objetivo y me fui a las playas del puerto de Anzalí a respirar, a ver las gaviotas y los perros correr por la arena, a agradecer lo que tuve, porque, como aprendí de una jefa en algún momento de mi vida laboral: «lo perfecto es enemigo de lo bueno», y lo mío, aunque lejos de ser perfecto, estuvo increíblemente adaptado para mí.

Consejo: El jardín de loto resérvalo para la primavera en el hemisferio norte. Maestro, hazme regresar.

Kandován
«La Pequeña Capadocia»

El mausoleo de los Poetas lo conocí en la ciudad de Tabriz, la linda Tabriz.

Poetas clásicos, contemporáneos y místicos.

Su histórico bazar fue declarado Patrimonio de la Humanidad por la Unesco el 31 de julio de 2010. El parque Shahgoli, con su hermosa construcción en medio de un lago, las montañas, los mausoleos, las plazas y, a una hora, la pequeña Capadocia, un pueblo troglodita que, según sus residentes, tiene más de 700 años de antigüedad. Se cree que las personas que huyeron del ejército mongol excavaron cuevas en este lugar para esconderse.

Hoy, estas casas-cueva en plena montaña Sahand, a una hora de Tabriz, atraen, encantan y se fijan en la retina del visitante. Un lugar vivo, con un pueblo dedicado a la crianza de animales, el cultivo y la artesanía.

Déjame perderme entre tus calles improvisadas,
mirando el azul del cielo desde estas casas por la lava fabricadas.
Detenida en el tiempo, la pequeña Capadocia
te educa como nadie y te endulza con su miel.
Déjame aprender la simpleza esculpida en tu rudeza.
Troglodita eres, Kandován,
niña bella de la esquina noroeste de Irán.
Nada supe hasta verte, nunca te supe retratar.
Es tal tu rareza y perfección
que te leí antes, te admiré en fotos
y mi retina no soportó la emoción.
Esa primera vez que te muestras, entre gallinas y patos,
entre mulas y caballos,
entre pieles y tejidos,
preparados por tus humanos
desde hace siglos aquí emplazados.
Has sido una sorpresa,
has sido un viaje,
has tenido la nobleza
de aceptar a este forastero,
que siempre usa un sombrero
para retener las ideas en la cabeza.
Porque si doy rienda suelta a mi imaginación,
jamás hubiese concretado una pequeña descripción
de este sitio aquí anclado.
Y es que quizá al cerrar los ojos
hubiese pensado que tanto encanto
solo pude haberlo soñado.

Qazvín tiene su propio podcast.
Meh va Raz (Niebla y Misterio)

Se cree que Qazvín fue fundada por Sapor II, rey de Persia, en el año 250 d. C., bajo el nombre de Shad Shahpur. Su evolución la llevó a ser capital del Imperio persa bajo la dinastía safávida, alrededor del año 1500 d. C.

Hoy, a Qazvín se le conoce como la capital de la caligrafía iraní, famosa por su dulce baklava, sus patrones de alfombra y sus poetas.

Viajar a Qazvín, ubicada en el centro del país, y no conocer su historia puede ser un error. Esa fue la visión que, durante la pandemia del coronavirus, tuvo Razieh Rahmani. Nacida en 1989 en Qazvín, Razieh creció con la idea de que viajar era un trabajo y el tiempo la llevó a ser guía turística y, más tarde, la creadora del podcast *Meh va Raz*, que en español significa «Niebla y Misterio».

Hablé con ella para conocer Qazvín.

– ¿Por qué «Niebla y Misterio», Razieh?

–Casi siempre los turistas primero viajan a un lugar y luego escuchan su historia. ¿Qué pasaría si antes escucharan la historia y luego viajaran al lugar? De esta idea nació el podcast. Imaginé que dos vientos podrían contar la historia de Qazvín.

–En Qazvín tenemos dos monzones (viento estacional): uno se llama *Meh* (Niebla), que viene del norte, de las montañas Alborz, es un viento fresco, y el otro es *Raz* (Misterio), que viene del sureste, es un viento cálido. Decidí que estos dos vientos serían mis narradores.

–A través de ellos, busco contar historias de Qazvín, como, por ejemplo, un acontecimiento histórico en el que Qazvín tuvo un papel fundamental e influyó en la historia de Irán.

– ¿Qué me puedes contar de tu podcast?

–Para mí, primero, lo importante es que quienes no conocen Qazvín puedan descubrir esta ciudad mediante mi podcast.

Hasta el momento, he recibido este *feedback* en los comentarios que he leído. Me señalan que les resultaban muy interesantes y que quisieran conocer Qazvín. Incluso hay turistas que vienen a la ciudad porque han escuchado el podcast. Muchas personas dentro de Irán no conocen Qazvín y cerca del 80 % de los que participan en mis tours dice desconocer que Qazvín tiene tantas atracciones turísticas.

– ¿Cómo fue tu niñez en Qazvín?

–Crecí en una casa con toda mi familia, en una casa donde estaban mis tíos y tías, y crecí con mis primos; desde luego, ahora no es así. Pero lo que recuerdo es que la mayoría de las familias qazviníes tenían un jardín, ya que Qazvín estaba rodeada de jardines. Siempre tuvimos pistachos y almendras en el jardín de mi abuelo. Durante el verano, solíamos recoger los cultivos.

– ¿Qué querías ser cuando eras niña?

–Mi padre conducía un camión, así que siempre íbamos de viaje. Por ejemplo, primero me encantaba ser turista, me gustaba viajar. En aquel entonces, no sabía que existía una profesión llamada guía de turismo.

–Viajar en camión era emocionante; si llevaba carga, dormíamos por la noche sobre ella, y si no la tenía, nos sentábamos en el espacio detrás del camión. Para mí, viajar se traducía en ir en camión, no en un vehículo común.

– ¿Y cómo llegaste a ser guía turística?

–Cuando era niña, tenía la idea de que viajar era un trabajo, aunque no sabía que ese trabajo se llamaba guía turística. Ya en la adolescencia, cuando tuve que elegir una carrera para entrar a la universidad, descubrí que existía una disciplina académica llamada Gestión de Turismo. Me acordé de mi deseo infantil y decidí estudiarla.

–Desde tu punto de vista, ¿qué es lo importante en Qazvín?

–En mi podcast o cuando realizo tours por la ciudad, les cuento a las personas sobre la época en la que Qazvín era la capital durante la era safávida, sobre los jardines, que tienen muchas historias, y sobre los dulces (*shiriniha*) de Qazvín. Recuerdo mi infancia, a los niños de la década de 1980, cuando a tres semanas antes del Año Nuevo (*Noruz*), ya se sentía el olor del *shirini* en las casas. Siempre ayudábamos a nuestras madres a preparar dulces, una tradición que ahora se ha perdido. Cuando era niña, al cocinar dulces olía a *Eid* (*Noruz*), y por eso hoy la ciudad es famosa por sus dulces.

–Nárranos cuentos de los jardines.

–Desde el año 1500 hasta hace unos 70 años, Qazvín era una ciudad–jardín, es decir, estaba rodeada de *Baqestán* (como se le dice a un conjunto de jardines), que ahora solo se encuentran en la parte sur de la ciudad. Estos jardines, en su mayoría, son de árboles de pistacho y almendra, con características muy especiales. Contamos cómo funciona el sistema de riego de los jardines, que es mediante lluvias estacionales. En primavera, por ejemplo, solo una vez tenemos estas lluvias fuertes que, en lugar de provocar inundaciones, sus aguas son dirigidas hacia canales que aún existen en la ciudad. Un antiguo sistema que todavía persiste, y por eso en Qazvín no se producen inundaciones, a diferencia de lo que pasa en otras ciudades.

–Los jardines se riegan de manera *qarqabi* (un método de riego en el que un campo se inunda esencialmente con agua). Esto protege a la ciudad de las inundaciones, ahorra agua y llena depósitos de agua subterránea, lo que demuestra que el *Baqestán* para nosotros, los qazviníes, es como nuestra madre.

–Otra característica de la ciudad es el sistema de administración de los *Baqestán*, que funciona desde el año 1500, cuando existía un manuscrito con el cual se continúa gestionando. En el *Baqestán*, se contempla la existencia de diversos dueños, pero nunca se construyen muros entre los jardines para evitar bloqueos. Esto nunca ha generado discrepancias entre los dueños, ya que en el manuscrito están señaladas todas las posibles disputas y sus soluciones, así como el turno de riego.

—Estos jardines también tienen la capacidad de limpiar el aire de Qazvín. Tanto así, que cuando la superficie de jardines era mayor, Qazvín era considerada la ciudad más limpia de Irán. Todo era amplio, no había ninguna frontera entre los jardines y la ciudad. Recuerdo que, cuando era niña, mi abuelo tenía un jardín y sacudíamos los árboles de pistacho, que caían sobre la tela que habíamos puesto en el suelo. Nosotros, los niños, teníamos el deber de recoger los pistachos que caían fuera de la tela, y así ayudábamos.

—¿Qué otro tipo de historias cuentas en el podcast?

—Hablamos acerca de los místicos y poetas de Qazvín. ¿Qué se puede aprender de ellos? Tenemos a Hamdolá Mostofi, un historiador de la época de los mongoles, que también era poeta y escribió la historia de Irán en poesía. Aref Qazviní, en la época de la constitucionalización (*Mashrute*), escribió poemas que inspiraron a los revolucionarios de aquella época. Ali Akbar Dehjoda escribió el Diccionario Dehjoda, importante en la lengua persa. Además de todo esto, los qazviníes tenemos un buen sentido del humor, representado por Ubayd Zakani, recordado principalmente por sus composiciones satíricas. Entre sus obras, se destaca una de género *Masnaví* llamada *Mush o-gorbeh* o el *Tratado del ratón y el gato*. También tenemos a *Nasim-e-Shomal*, que escribió el periódico *Nasim-e-Shomal* (*Brisa del norte*).

—Por último, te puedo contar que los qazviníes tenemos una tradición separada del *Sizdah Be-dar* (Día de la Naturaleza, día 13 desde el Año Nuevo persa), que es el día 50 después del inicio de la primavera (*Panyah Be-dar*), es decir, el 9 de mayo, cuando las familias van a los jardines y se divierten. Tenemos una merienda llamada *Doimay*, que se hace con pan seco, vegetales, queso y nueces. Hacemos un rezo para pedirle lluvia a Dios para regar los jardines, y si no ha llovido bastante, hacemos un rezo para agradecer a Dios. Aquí, nuestra vida está vinculada a los jardines.

Hamedán
La cueva de Ali Sadr

Cuesta pensar que Irán se muestre decidido a mantener sus joyas históricas reservadas para aquel que busca más allá de la ruta turística más conocida. Viajé al siglo XII a. C. para llegar a Hamedán, hipotéticamente. Bueno, a su historia, llena de grandes figuras y enigmas. Y no siendo la biología uno de mis fuertes, siempre escuché el nombre de Avicena, reconocido como el padre de la medicina moderna. Su mausoleo se erige en la plaza que lleva su nombre, en el centro de la ciudad.

Para que se hagan una idea, este médico, filósofo, astrónomo y científico persa, perteneciente a la Edad de Oro del Islam, nació en el año 980 d. C. y escribió cerca de 300 libros sobre diferentes temas, predominantemente de filosofía y medicina. Sus textos más famosos son *El libro de la curación* y *El canon de medicina*, también conocido como *Canon de Avicena*.

Bueno, allí está, en esta ciudad que se cree que es una de las más antiguas del mundo, y la de mayor antigüedad de Irán.

Algunos historiadores sitúan su fundación en el III milenio a. C.

Los ubico ahora en el siglo VI a. C. En ese tiempo, Hamedán fue la capital del rey Astiages de Media, según los historiadores griegos, hasta que Ciro II, rey de los persas, la conquistó en el año 549 a. C. Su antiguo nombre persa era Ecbatana.

Hamedán tiene mucho por ofrecer. Por ejemplo, cinco kilómetros al oeste de la ciudad, están las inscripciones talladas en la roca. Yo fui en invierno, y justo bajo estas columnas escritas en tres idiomas –los antiguos *parsi*, *baboli* e *ilami*–, resbalé en la nieve y caí al compás de un frío, seco y duro golpe que rompió esa armonía tan perfecta. Pero ese hecho dejó grabada en mi memoria esa gran experiencia.

El texto *parsi* está a la izquierda de estas dos inscripciones, el *baboli* en el centro y el *ilami* a la derecha. La tablilla grabada a la izquierda está relacionada con Darío el Grande; debajo de esta se encuentra el grabado relacionado con el período de Jerjes. La traducción de la inscripción de la derecha es atribuida a Jerjes y dice: «El gran dios Ahuramazda, el más grande de todos los dioses, que creó la tierra, el cielo y el pueblo; que hizo rey a Jerjes, y gobernante destacado entre innumerables gobernantes; yo el gran rey Jerjes, rey de reyes, rey de tierras con numerosos habitantes, rey de este vasto reino con territorios lejanos, hijo del monarca aqueménida Darío».

Y en ese día, debajo de toda esa historia, quedó la mía. Yo, Osvaldo Canales Acevedo, hijo de Osvaldo Canales Toledo, proveniente de las tierras del fin del mundo, de los campos labrados de Chépica, en Chile, dejo aquí mi huella, y parte de mi espalda plasmada para siempre en el monte Alvand.

La tumba de Ester y Mordejai se ubica en la ciudad. Los judíos y cristianos iraníes creen que alberga los restos de la reina bíblica Ester y su primo Mordejai. Es el lugar de peregrinación más importante para los judíos y cristianos de Irán. Hay que verla, si se va a Hamedán.

Y como el nombre de este capítulo lo dice, viajé 100 kilómetros al norte de Hamedán para adentrarme en los enigmas de las montañas, para visitar la Cueva de Ali Sadr. Esta cueva, considerada la cueva acuática más grande y larga del mundo, es una atracción visitada por miles cada año. Los visitantes ingresan en botes a pedal, explorando espacios que aún no han sido completamente descubiertos. ¡Qué miedo!

Su formación está relacionada con el período Jurásico, es decir, entre 136 y 190 millones de años atrás. Situada a una altitud de 1980 metros sobre nivel del mar, es una de las maravillas naturales de los montes Zagros.

Este lugar maravilloso tiene numerosos corredores serpenteantes, y los fluidos de agua han creado un gran lago dentro de ella, que, debido a la gran cantidad de minerales calcáreos, no la hace bebible. Tiene unos 10 metros de altura, es fresca en verano y cálida en invierno. Las fotografías son increíbles y al pedalear en los botes, te haces parte de este verdadero cuento. El recorrido te hace pasar del bote a caminar por el interior de la montaña, a dibujar tus propias historias, que quedarán bajo la piel de la montaña, y en lo personal, me hace comprender por qué he decidido aplazar mi partida de este diverso país que no me suelta…, no me suelta.

Majunik o «Liliput de Irán»
Casi en la frontera del olvido y lo único

Vi un día una pequeña nota en un medio internacional que hablaba del «Liliput de Irán». Un lugar tan pequeño como el párrafo dedicado por ese medio a esta aldea.

Para llegar allí, casi hay que pisar la frontera con Afganistán, pues de allí nace la historia de esta gente pequeña, de sus casas pequeñas, de una dejadez impactante, de una falta de recursos casi violenta, de una soledad que puede asustar.

De origen afgano, hace unos 400 años, estos héroes del olvido se establecieron a los pies de la montaña. Construyeron casas pequeñas para protegerse del crudo invierno y del implacable verano.

De tierra y ramas son estas casas, a las que entré de rodillas como pidiendo perdón por querer descubrir lo que ellos han cuidado por cuatro siglos.

Un museo tan pequeño como sus habitantes y donde yo, o cualquiera que supere el metro y medio de altura, será Gulliver hasta que encuentras la magia que se esconde en el trote de los niños con chanclas rotas, entre el tizne del techo de la señora Ameneh, que recuerda su hogar junto a su esposo, su suegra y sus siete hijos, de los que hoy solo resuenan sus ecos en esas paredes que la cobijan. Mientras ella, de rodillas y con ocho décadas encima, ve pasar esta vida simple y dorada como sus años.

Ah, y saludé directamente a Bahardus (nombre que en persa significa «quien ama la primavera»), el hombre de 70 años que vi antes en fotografías de internet y que fue mi mayor referente antes de llegar a este lugar.

Una sopa de pistacho y semillas de *pané* con pan remojado, unos niños vendiendo fósiles, un *Qanat* que les provee agua de la montaña y un árbol del que colgamos junto a los niños, esos eran los elementos de esta historia de cuentos.

Mohamad Mozdur Majuniki, el guía y director del museo, me cuenta que en Majunik vivían dos etnias: «una es la nuestra, que se llama Ali Abdolá, y somos altos; la etnia que hizo famoso a Majunik como Liliput es la de Qolam Mohamad Joda Bajshi».

Mohamad me señala que, hasta el primer año de la Revolución Islámica de Irán, en 1979, no había carretera, y la villa permanecía sin mayor movilidad. Por lo tanto, la población, al casarse entre ellos, mantenía esta condición de ser personas de baja estatura (entre un metro o un metro veinte). Sin embargo, con el desarrollo, sumado a factores como la alimentación y la mutación o el cambio genético, la población de Majunik ha ido aumentando de estatura.

Me dice que, antiguamente, los habitantes de Majunik que querían casarse debían tener una casa para su futura esposa, además de dinero o bienes que obligatoriamente pagaba el novio a la novia al contraer matrimonio. Además, debían tener otra casa, conocida como *mahr* de la mujer, destinada para huéspedes o invitados. Este segundo hogar permitía realizar tareas como cocinar, coser ropa y cosas afines. «La altura de las casas de la etnia Ali Abdolá llega a un metro o un metro veinte centímetros, mientras que las de la tribu Mohamad Joda Bajshi alcanzan unos 30 o 40 centímetros», recalca Mohamad Mozdur Majunik.

A estas alturas, Majunik ya no me parece tan pobre. Por algo es considerada una de las siete aldeas mágicas del mundo: por su riqueza cultural, porque los años hicieron lo suyo y su gente ha ido evolucionando. Porque para llegar acá vi cómo otros llegaron primero para mostrarme el camino y, entonces, este pequeño mundo se ganó un espacio en el inconsciente internacional.

Porque mientras más me alejo, crece mi nostalgia y mi gratitud, ya que Majunik es una gran historia que se rescata en su pequeño gran museo. Creo que el polvo del camino me cayó en los ojos, porque unas lágrimas azotan mis mejillas mientras me despido de uno de los lugares más hermosos que me ha mostrado mi inquietante necesidad por aprender, de vivir, de descubrir para luego alejarme, siendo yo el pequeño en este mundo de personas con corazón de gigante.

Mashad
«La Cúpula Dorada»

Llegué a Mashhad como un ritual ineludible. Había que ir, y fui con varias premisas bajo el brazo.

El imam Reza te invita, abre las puertas al peregrino, quien, incluso sin conocerle, logra encontrar allí un ambiente muy único construido en el 818 y que puede recibir hasta 700 000 personas.

Yo fui de mañana, de tarde y de noche a contemplar la cúpula dorada.

El complejo incluye el mausoleo del imam Reza, el octavo imam de los chiíes, así como la mezquita de Goharshad, un museo, una biblioteca, cuatro seminarios, un cementerio, la Universidad de Ciencias Islámicas Razaví, un comedor comunal para los peregrinos, inmensas salas de oración y otros edificios de servicios.

Yo, en mi inmenso desconocimiento de la ciudad, en un momento, estando solo, vi una escala y pensé que debía ser la entrada al metro y bajé, sin saberlo. Era el subsuelo del recinto, donde el arte en espejos inundaba el lugar. Los techos y paredes eran de una perfección indescriptible, y los peregrinos descansando en las alfombras reflejaban la paz del espacio, del que también me hice parte.

En un momento, al ser mi primera vez en Mashhad y con mil fotografías tomadas, escribí en mi grupo familiar:

«¡Hola! Les saludo desde el mausoleo del imam Reza.

El lugar es maravilloso, y como es mi primera vez acá, le he pedido al imán por todas ustedes. Por mi mamá y mis hermanas, las saludo desde este lugar único. Un abrazo desde Mashhad», y adjunté fotografías.

No tardó en llegar una respuesta, pero para mi sorpresa, no era ni mi madre ni mis hermanas, sino una periodista en Chile que me ponía:

«Estimado Osvaldo, gracias por las fotografías, se ve muy lindo el lugar, pero creo que el mensaje no era para el grupo de periodistas policiales acá en Chile. Creo que te equivocaste de grupo. En todo caso, gracias por los buenos deseos».

Sentí un calor que me recorrió todo el cuerpo, hasta la punta de los dedos. Era la vergüenza que me electrizaba por completo. Eliminé el mensaje, pero era demasiado tarde. Ya había quedado como un tipo de lo más espiritual en medio de profesionales de la comunicación que solo hablan de asaltos, muertes y declaraciones policiales.

Kashán-Abyaneh
«El Agua de Rosas»

Cuesta empezar a hablar de Kashán, la ciudad montañosa y desértica. Desde la capital, Teherán, tomará unas tres horas y media llegar a esta urbe perteneciente a la provincia de Isfahán, en el centro–sur del país.

Algunos escritos sugieren que su nombre proviene de *kasian*, los habitantes originales cuyos restos se encuentran en Tapeh Sialk, donde se erige un zigurat de 8000 años de antigüedad. Aunque cueste creerlo, entre los siglos XII y XIV, Kashán fue un importante centro de producción de cerámica y azulejos. En persa moderno, la palabra para mosaico, *kashi*, deriva del nombre de la ciudad.

Un dato curioso: de acuerdo con algunos relatos, Kashán fue el origen de la ruta desde donde los tres Reyes Magos siguieron la estrella que los guio a Belén para presenciar la natividad de Jesús, como se relata en la Biblia.

Otro de sus encantos es el Jardín de Fin, registrado por la Unesco en 2011 como uno de los nueve jardines iraníes destacados. Data de los años 1571-1629 y se desarrolló aún más durante la dinastía Safávida, hasta Abbas II de Persia (1633-1666).

En el lado este, Kashán se abre al desierto central de Irán, siendo también conocida por el desierto de Maranyab, ubicado cerca del lago Namak o lago Salado.

Otro imperdible son sus casas históricas, como la Casa Boruyerdiha, del período Qajar, construida en 1857 por el arquitecto Ustad Ali Maryam para la prometida de Boruyerdi, un rico comerciante. También está la Casa Tabatabai, una casa museo histórica construida alrededor de 1880 para la acaudalada familia Tabatabai, la Mezquita Aqa Bozorg (gran señor) o su Bazar.

Hasta aquí todo parece una maravilla, pero hay algo que asombra aún más: sus campos de rosas para la producción de agua de rosas, tan cotizada en el mercado internacional para la elaboración de perfumes. Aquí es donde se cosechan estas flores, se procesan y se extrae su esencia, el agua y aceite de rosas que suelo llevar a Chile para mi familia. Tiene usos cosméticos, medicinales y culinarios. Las pequeñas rosas también se secan para adornar postres y aromatizar el té. ¡Qué romántico!, ¿no?

Claro que lo es. Toda la zona lo es, romántica desde su tierra hasta sus paredes y su historia.

¿Cómo un lugar te puede entregar tanto? ¿Cómo puedes pasar de un salar al desierto y de allí a los campos de flores? Y decir, aún hay más.

40 botellas de vidrio de agua de rosas

«Esfuérzate, que los hombres destacados en el tiempo, con esfuerzo han logrado su éxito». Esta es la traducción, quizá menos poética pero más literal, de uno de los versos del gran poeta Saadi.

He intentado mezclar la magia de las palabras de este honrado poeta persa con esta historia. Visité su tumba en Shiraz hace algunos años, pero sus escritos resuenan en los campos de rosas de las tierras de Kashán.

Era 1988, y mientras su abuelo hervía la cosecha matutina de rosas Mohamadi en la aldea de Van, nacía la pequeña Samaneh Babai, envuelta en paños de color rosa y empapada en ese aroma que nunca más pudo quitarse de la cabeza.

«Es una niña», se escuchaba en los pasillos de aquella casa. «Avísenle al abuelo que nació Samaneh». Samaneh se traduce como «desde lo alto del cielo» y también como «codorniz».

Las cortinas de su habitación fueron de color rosa, al igual que sus vestidos y su perfume, adquirido directamente de la fábrica artesanal de su abuelo. A medida que fue creciendo, aprendió las matemáticas directamente en el taller donde se producía el agua de rosas.

30 kilos de flores, 70 litros de agua, mezclados en un recipiente de cobre herméticamente tapado.

Abuelo: Le damos tiempo, Samaneh.

Samaneh: ¿Cuánto?

Abuelo: Cuatro horas.

Samaneh: ¿Tanto?

Abuelo: El tiempo, Samaneh, hace la magia y la paciencia corona la espera con bellos frutos.

Samaneh: Iré a buscar una botella de vidrio para el agua de rosas.

Abuelo: ¿Una?… Una por cada litro. Hay que traer 40, ya que estuvo buena la cosecha de hoy.

Samaneh: 30 kg x 70 lts. por 4 hrs. = 40 botellas de vidrio con agua de rosas.

Abuelo: Bien, Samaneh, buen cálculo. Y tú, ¿cuántos años tienes?

Samaneh: Los suficientes, abuelo, los suficientes.

Así respondía la pequeña Samaneh, que aún no sabía claramente su edad.

Fueron pasando los años, y a medida que Samaneh crecía, también lo hacían las plantaciones de rosas. Poco a poco, el abuelo dejó de visitarlas por cosas de la edad, el cansancio en sus rodillas y uno que otro achaque propio de las décadas que cargaba en los hombros, tatuadas con el esfuerzo de ver crecer su rosado negocio en las praderas de Kashán. Frente a esto, decidió quedarse más en la administración para vigilar el trabajo.

Cuando llegó el momento, la codorniz persa quiso independizarse y montar su propio negocio. En su oficina, un cuaderno rosa, su cartera del mismo color, y en el estante, las botellas de vidrio que antaño usaba su abuelo y que con el tiempo fueron reemplazadas por botellas de plástico, más livianas, más económicas, pero ciertamente menos románticas.

Una tarde y por encargo de un periodista que buscaba escribir un libro, a Samaneh le llegaron un par de preguntas. No significaba nada extraordinario, pero sí tenía mucho sentido poder contar lo que había detrás de este trabajo.

«¿Cuál es tu deseo?», le preguntaban.

«Mi gran deseo es exportar en un futuro próximo a todo el mundo el agua de rosa que produzco. Irán tiene el clima adecuado para el cultivo de la rosa Mohamadi, así como acceso fácil a materias primas desde el punto de vista de calidad y cantidad».

Respondía seriamente Samaneh, como una empresaria, pero en su mente resonaba otra cosa. Porque 30 kg x 70 litros son 40 botellas de agua de rosas. Porque su sangre, ella la sentía rosada y su cuerpo era un arbusto con espinas. Porque, por más apego a las sábanas que tuviera en la madrugada, se levantaba a trabajar, ya que a esas horas la rosa es más aromática que las flores del atardecer.

«La calidad depende de varios factores», respondía Samaneh a las preguntas. «Depende de la hora de corte, de qué tan rápido se lleve a la olla de cobre, si queremos un mejor producto de acuerdo al método tradicional. Nosotros tenemos el clima fresco que se necesita para que la tierra sea fértil, tenemos la experiencia y, lo más importante, tenemos las ganas de estar en el mercado».

Fue ahí cuando esta niña de Kashán, nacida *ad portas* de la década de 1990, citó a Saadi: «Esfuérzate, que los hombres destacados en el tiempo, con esfuerzo han logrado su éxito».

Todo cobraba sentido para ella. En ese momento, sintió como si una espina se clavara en su pecho, mientras recordaba el rostro de su abuelo y una lágrima rosa rodaba por su mejilla. Ese rostro quedó reflejado en las botellas de vidrio que mantiene en los estantes de su oficina.

Abyaneh

Solo a una hora de Kashán, escondida entre las montañas, se encuentra Abyaneh, uno de los pueblos más encantadores de Irán. Se mezcla con el olor de las rosas en el aire, se acompaña de los sauces llorones y trepa las montañas con sus casas, que son verdaderas escalas de tierra roja. Sí, sus casas son de barro colorado. Un pueblo rojo enclavado en las estribaciones de la montaña Karkas con más de 1500 años de historia. La gente de Abyaneh llama al pueblo Viuona, que significa «un lugar lleno de sauces».

Quédate aquí a ver el atardecer,
que los sauces lloran de nostalgia.
Camina por esta línea de tiempo,
guarda un poco de esta brisa en las mejillas.
Toca el barro rojo y sus ventanas,
no pienses, que no hace falta.
¡Shhh!, silencio, no hace falta que hables.
Eres parte de la montaña Karkas,
del cielo, de las rosas y la tarde.
Atrapa el momento y guárdalo para cuando te haga falta.

Isfahán
«La Mitad del Mundo»

No era consciente de su belleza, ni de su legado histórico, ni de su interés turístico, salvo que esa plaza estaba impresa en el billete de 100 000 riales en Irán.

Llegué a Isfahán por invitación de un compañero de trabajo. Los padres de Rasul eran de esa ciudad y yo no me negué a conocerla.

Señores, esa era una de las ciudades más turísticas del país, la tercera urbe más grande del territorio. Dos veces capital del Imperio persa, al estar situada en un lugar estratégico para las rutas comerciales, brilló por sí misma entre los siglos XVI y XVII. Con el shah Abbas de la dinastía Safávida, de 1587 a 1629, se llevó a cabo la construcción de muchos de los monumentos que hoy le brindan atractivo.

Los viajeros que dejan historias la nombraban como la ciudad más próspera del universo, con un millón de habitantes en esas épocas. De ahí que, por el hecho de visitarla, se llegara a decir que se había visto medio mundo.

De Teherán, la capital, a Shiraz, y de ahí a Yazd, un triángulo imperdible en términos turísticos.

¿Qué ver?

Primero, la plaza Naqsh–e–Yahan, considerada la segunda plaza más grande del mundo después de Tiananmen en China. Es todo un cuadro: allí se encuentran el Palacio Alí Qapu, la antigua sede del gobierno de los soberanos safávidas; la Mezquita del Jeque Lotf Alá, o el oratorio del Shah, una de las mejores obras de la cultura iraní; la Mezquita del Shah, la Mezquita del Imam o la Nueva Mezquita Abbasi.

Bueno, todo allí es arte, sin dejar de lado el Bazar y sus artesanos. Aquí compras a buenos precios elementos que son únicos.

El Palacio Chehel Sotun, o Palacio de las Cuarenta Columnas, está inscrito en la lista de la Unesco bajo la denominación de «Jardín persa». Allí te enamoras de la magia y de las 20 columnas que se reflejan en el agua, dándole el nombre de Palacio de las Cuarenta Columnas. En su interior se puede disfrutar de los diseños geométricos y su cuidada manufactura.

Y sobre el cauce del Zayandeh Rud (Río Zayande), o traducido al español, «dar a luz», puedes recorrer de día o iluminado de noche el Si–o–Seh Pol (Puente de 33 columnas), conformado por 30 arcos que ven pasar las aguas. Aunque en algunas temporadas está seco, con tierra quebrada a la espera de renacer.

Dame tiempo para volver, Zayandeh Rud, no seas esquivo con este forastero. Quiero ver tus aguas, el torrente de la mitad del mundo.

Shiraz-Persépolis-Yazd
«El Imperio Persa»

Apenas llegué a este país, lo que hice fue buscar mi primer destino. Algo exótico, único, histórico y poético. «Shiraz», me dijeron. Pues a Shiraz respondí yo, con ese loco impulso que me había traído a Irán, sin siquiera tener conocimiento de esta tierra.

Tomé mi mochila y un avión. Allá, en tierras lejanas, me esperaba Omid. Pobre de Omid, que tuvo que enfrentar tres días con un sujeto que no lograba controlar la necesidad de recorrer, pese al calor y al cansancio.

Nacido en el campo chileno, ¿qué hacía yo en tierras milenarias?

Si en ese momento el mundo se acababa, yo moría feliz, tirado entre las alfombras de la Mezquita Rosa, atrapado en el verdor del Jardín Eram, o con el libro *El jardín de las rosas*, escrito en 1258 por uno de los más grandes poetas medievales persas, Saadi, mientras caminaba por su mausoleo, o visitando la tumba del místico sufí Hafez, mientras se ponía el sol de Asia.

Podía imaginar tantas cosas y al mismo tiempo retener nada, de la pura emoción. Por cierto, comí carne de camello en ese viaje, pero luego preferí montarlos en el ingreso a Persépolis. Miré sus nobles caras y reconocí la humildad en sus pasos, que nunca más pude siquiera volver a imaginar en un plato.

Y pues sí, llegué a la enigmática Persépolis, montado en un camello, pensando: ¿qué hice yo para merecer esto?

Ese lugar mandado a construir por Darío I en el 521 a. C., y donde se sentó Ciro el Grande, quien instauró la dinastía Aqueménida de Persia. El primer Imperio persa que llegó a extenderse por la meseta central de Irán y gran parte de Mesopotamia. Sus conquistas se extendieron sobre Media, Lidia y Babilonia, desde el mar Mediterráneo hasta la cordillera del Hindú Kush, creando el mayor imperio conocido hasta ese momento. Bueno, todo duró unos doscientos años, hasta ser conquistada por Alejandro Magno, por allá en el año 332 a. C.

Al fin, foto en la Puerta de las Naciones, caminata casi sin respiro, por el asombro de ver lo que fue esta capital del imperio. Nada podía sacarme de allí, nada, hasta que Omid me dijo que nos íbamos a Pasargad a conocer la tumba del propio Ciro el Grande o Kurosh. Otro atardecer en estas tierras y la tumba del que logró gobernar respetando las costumbres y religiones de las tierras que conquistaba, con un modelo considerado muy exitoso de administración centralizada y de establecimiento de un gobierno que funcionara en beneficio y provecho de sus súbditos. Y lo que no es menor, Ciro el Grande también es reconocido por sus logros en materia de derechos humanos, política y estrategia militar, así como por su influencia en las civilizaciones de Oriente y Occidente.

Yo venía a Irán por un año, pero desde entonces, sabía que era una palabra que no estaría dispuesto a cumplir.

Luego me fui a Yazd, como para cerrar el viaje, aunque la noche previa me quedé a dormir en un hostal de zoroastrianos, cuyo símbolo nunca olvidé desde la visita a Persépolis: el *faravahar*.

Buenos pensamientos, buenas palabras, buenas acciones.

Malos pensamientos, malas palabras, malas acciones.

Tú puedes comportarte como quieras en la vida, pero no debes olvidar el karma: lo que pienses, lo que digas o lo que hagas se te devolverá en la vida, y punto.

Dormí en el Hostal Bumgardi de Nartitee, donde tenían un mural de visitas en el que dejé una foto que saqué de mi billetera. Fueron muy amables. Mi habitación tenía un techo circular y era de adobe; la cama se armaba en el piso y el desayuno, junto a un jardín de granadas, hizo de la estadía un momento perfecto.

Varias veces, sin querer, amigos que han pasado por allí me han mandado una foto del mural. Por eso sé que aún conservan esa fotografía, como yo conservo el sabor del pan tostado con queso y tomate, el *dough* preparado con la receta de la casa y la despedida, donde los anfitriones lanzan agua al camino del visitante para desearle un buen viaje.

Y claro que fue bueno, porque apenas llegué a Yazd, la ciudad en el desierto, conocí las torres de viento, quizá los primeros ventiladores de la historia. También conocí las torres del silencio, donde los zoroastrianos dejaban los cuerpos de sus muertos en la cima de un cerro, hasta donde llegaban las aves de carroña. Visité el templo del fuego, con una llama que dicen lleva más de 1500 años encendida, y yo no soy quién para ponerlo en duda.

Conocí también ese día las prácticas del *zurjanei*, un deporte antiguo que consiste en una serie de técnicas de fisicoculturismo y gimnasia, así como de lucha acompañada por el ritmo del instrumento *tombak*.

La Mezquita Yameh de Yazd, o la Gran Mezquita de Yazd, es un ícono en este país, un tesoro del arte y la arquitectura islámica. Su primera piedra fue puesta por Ala 'al–Dawlah Kalinjar en el siglo VI d. C., en el lugar que ocupaba un antiguo templo de fuego. El edificio actual muestra dos hermosos minaretes de unos 48 metros y su entrada de gran altura, de 34 metros, con increíbles azulejos y dos inscripciones en cúfico y *thuluth*, que son variedades de caligrafía árabe, entre otras particularidades.

–Me quedo en Yazd –dije yo.

–No puedes –respondió Omid–. Tu tren parte en menos de una hora.

Y así, entre los rieles, los vagones y el aire romántico de una estación, dejé el desierto para volver a Teherán.

Dezful y Shush
Cumpleaños 44 y un viaje a conocer las ciudades ancianas

Otro 10 de mayo, o 20 de ordibehesht en el calendario persa, que yo vivo en Irán. No soy de celebrar cumpleaños, y a estas alturas, cuando ya llego a los 44, pues, por lo general, me desafío a conocer lugares que me inyecten energía.

¿Qué son 44 frente a cinco, seis o siete mil años de historia?

Frente a esta pregunta, aproveché la instancia.

Había organizado unos días libres en mi trabajo y, aún sin pasaporte –porque el mío estaba por trámites en la policía, por temas de residencia, nada al margen de la ley–, pedí una carta que mi trabajo me extendió, para hacer de mi día de cumpleaños lo más «legalmente» posible, aunque no invulnerable.

Preparé la maleta, le pedí a mi amigo Seyed Keyvan Mohsenin que fuera mi asistente al teléfono y me fui al Aeropuerto Mehrabad en la capital. Yo, mi carta, mi maleta, mi mochila, y dentro de mi mochila, mi amigo cojín, que cargo a todas partes hace más de 25 años, cuyo nombre, con pudor me atrevo a decir a mis 44, es Perrovaca.

Primer paso, informaciones. De ahí, hablar con el jefe de la Terminal 2, quien me mandó a la Terminal 1 para que la policía verificara mis datos y con eso poder comprar un boleto a las tierras de la era elamita.

La policía me vio la cara, revisó la pantalla del ordenador, miró nuevamente mi cara y asintió como diciendo: «Bueno, que viaje». Y entonces, regresé a la Terminal 2. Nuevamente tuve que pasar los controles, el escáner, la maleta, la mochila, pero algo no estaba bien. Era muy fácil para ser verdad. Yo me conozco.

Me fui a la oficina del jefe de la terminal a dar las gracias y a organizar el cómo comprar mi boleto a las tierras de los molinos de agua y el zigurat que siempre me ha llamado la atención y que aún no conocía.

Cuando salí de la oficina, vi mi maleta, pero algo más me faltaba… ¡Mi mochila! Corrí a la zona del escáner, hablé con las personas de seguridad y nada. Yo repasaba en mi cabeza, pensando qué tenía en ella: mi billetera, mis cables del teléfono, mi carta y ¡Perrovaca!… En ese momento, un relámpago frío me aniquiló. Eché a correr por los pasillos, buscando la mochila, volví a la zona de seguridad, miré a todos lados y nada. Me dijeron que esperara, y yo en mi cabeza: que espere, ¿qué?

Pasaron 15 minutos eternos, que en mi cabeza fueron por lo menos una hora, tiempo en el que pensé en todo y en ese cojín que me había acompañado tantos viajes y que, desde la universidad, todos mis amigos conocían y respetaban porque ese Perrovaca, para muchos, es más consciente que yo, y al mismo tiempo, mi *alter ego*.

Luego, un tipo llegó al lugar; había tomado por error mi mochila en lugar de la suya, pero apareció sin mi atesorada reliquia. En ese momento, la policía le dijo en farsi: «O trae la otra mochila o no se lleva la suya». Yo sentí un verdadero alivio, quizá un respiro antes de enfrentar un paro cardiorrespiratorio. Cinco minutos más tarde, recuperé mi mochila, pero nunca le conté la verdad a Perrovaca.

Compré mi boleto, solo de ida, no había de regreso para el día que yo quería. Así que un bus reemplazaría, en 11 horas, lo que un vuelo habría logrado en una.

Al llegar a Dezful, a las 11 de la noche, tomé un taxi, pero no tenía hotel, así que le di al conductor el nombre de un hotel y a probar suerte. ¡Y qué mala suerte! No había habitación. Entonces, de ahí, me fui a un segundo hotel, y obtuve la misma respuesta. Y como la tercera es la vencida, y mis amigos persas valen su peso en oro, Samaneh Kachouie, que en algo me conoce y sabe que sin ayuda yo terminaba en la calle, había hecho una llamada y había logrado reservar una habitación para seis personas, al precio de una individual, y con desayuno. En la recepción fueron muy amables, como si fuera el Hotel Plaza, de la película *Mi pobre angelito*. Claro, el hotel estaba en obras, aún sin terminar. Al subir en el ascensor, me sentí en el Titanic: pasillos con filtraciones de agua, un ascensor de material ligero, y en mi habitación, una terraza con un tremendo aparato para el aire acondicionado, y con justa razón. En esa ciudad, en mayo, se llega a los 40 grados; pero para junio, nadie escapa de los 50 a la sombra.

Behzad Nurabadi, mi guía en este punto de Irán, a sus 35 años, tiene clara la historia y las bondades de esta ciudad. Me ayudó a recorrer el alma de esta urbe, que sigue cultivando una enorme belleza.

A la mañana siguiente, el primer recorrido fue Chal Kandi, un brazo del río Dez, con unas paredes gigantes, es decir, un semicañón. El día era perfecto, con un bote perfecto y el preludio de un viaje perfecto.

Behzad me comenta que Dezful es conocida como la ciudad del agua y los ladrillos. Tiene su propia arquitectura, con unos increíbles *shavadun*, sótanos construidos a varios metros de profundidad para brindar comodidad y condiciones de vida confortables, incluidas temperaturas más frescas, para escapar del abrasador clima del sur de Irán.

Luego nos fuimos a visitar el Museo del Agua, en pleno lecho del río Dez, que son estructuras de los molinos de agua que siguen allí luego de 1700 años. Un legado de la era sasánida me dice a mí y yo, a esas alturas, aún no lograba computar este viaje en el tiempo.

Más tarde, uno de los lugares más mágicos de la ciudad, que encierra misterio y admiración. Qomesh, o el acueducto de Dezful, un complejo sistema de suministro de agua dulce. Se habla de cerca de ocho kilómetros de excavaciones, que hoy atraen al turismo nacional y extranjero…, y a mí, que a estas alturas no sé qué soy. Ciertamente soy latino, pero vivo hace cinco años en estas tierras de reyes y religión.

Behzad también me habla de la importancia de la tumba de Ya'qub Layth al–Saffari o Radman, que se encuentra en Dezful. Y es que después de la llegada del Islam a Irán, la mayoría hablaba árabe y fue Ya'qub Layth al–Saffari, quien reavivó de nuevo la lengua persa. El hecho de que en la actualidad estemos hablando en la dulce lengua persa, se lo debemos a esta misma persona que está enterrada en Dezful, me señala.

Este día, Behzad se despidió y le pedí que me dejara ver el atardecer en el río a solas. Luego, me fui a caminar por el bazar, que es uno de mis grandes delirios en este país. El olor a especias, las motocicletas en los pasillos, y la mezcla de oferta y demanda que este país arrastra desde siempre y de la que hizo gala de ello en la época de la Ruta de la Seda.

Día dos, la visita a la presa de Dez, construida entre 1959 y 1963. Con sus 203 metros de altura –la más alta del país y la sexta más alta del mundo– fue el paso previo al safari por el valle de Tobirún. Montar en un todoterreno, con buena compañía, y a recorrer la naturaleza prístina, con sus muros esculpidos por la lluvia y el viento durante miles de años.

Y así, entre mis últimos días como un tipo de 43, dejé Dezful para irme a Shush y la magia de los antiguos persas.

Todo muy bonito, pero yo sin un guía que me permitiera conocer mejor estas tierras que me llamaban a descubrir cómo era todo antes de Cristo. Cuando hablo de cuna de la historia, esta es una prueba de ello.

Entonces, en la soledad de mi habitación, en el único hotel de la ciudad, marqué a uno de mis llamados de emergencia. Mi 911 «topolí».

Ya mis amigos saben que el irme de viaje significará que sus teléfonos deben permanecer activos y en el caso de Haniyeh Esmaeilzadeh, es una ley. Su nombre es demasiado complejo para alguien tan amable y sencilla de querer.

Trabajamos junto en Irán un buen tiempo, período en el cual la vi como compañera de trabajo, amiga, supe cuando empezó a salir con un chico, Ehsan, un veterinario que trabajaba en detección de enfermedades en pollos. Si las aves estaban enfermas, era su decisión eliminarlas por el bien de la población. Salvaba vidas humanas a costa de esas pobres aves. Así que le puse el «mata pollos».

Dado que no podía andar diciendo a cada rato, Haniyeh Esmaeilzadeh, decidimos que su seudónimo sería Topo. Ese apodo nace de una oportunidad que dijo que a ella le hubiese gustado ser más rellenita, lo que en persa se dice *topolí*. En Chile hay un dicho: gordito pero bonito, acá en Irán se dice «topolí vali joshgueli». En mi caso, luchando contra los kilos y ella, de una figura casi de escultura, quería ser gordita, pues, *topolí o la topo*, así se quedó por siempre. También se autodenomina la «*lagarta*», por ser una mujer del desierto. Ambas expresiones la identifican perfectamente.

Bueno, una vez en Shush, la llamé y le dije:

–Topo, ¿tienes un guía que me acompañe en esta ciudad?

Yo sé lo que quiero ver, pero necesito moverme rápido. Mientras ella buscaba un nombre dentro de su amplia agenda de guía profesional, yo empecé a conocer lo que tenía a mano.

En plena ciudad está la tumba de Daniel, siglo II a. C. Sus escritos forman parte de la Biblia hebrea para los judíos, y los cristianos lo incluyen dentro de los profetas mayores del Antiguo Testamento. Un lugar mágico, que luego de conocer y entrar al recinto, admirar y grabar y fotografiar, leí que el uso de cámaras estaba prohibido en el interior. Ya era tarde, las fotos ya estaban hechas.

La ciudad antigua de Shush es otra cosa. Fue una urbe de los imperios iraníes protoelamita, elamita, primer Imperio persa, selyúcida y parto, y una de las civilizaciones más importantes del antiguo Oriente Próximo.

A ver, les cuento que Shush, o Susa, es uno de los más antiguos asentamientos de la región. Se dice que probablemente fue fundada como una aldea alrededor del año 4000 a. C., pero los arqueólogos han datado las primeras trazas de la villa neolítica habitada en el 7000 a. C.

Hay evidencias de una civilización con cerámica pintada, que se ha datado en el 5000 a. C. Y no lo digo yo, lo dice la historia, que también habla de la invasión del Imperio babilónico.

Yo, con mis 43 años y 364 días de vida, me quedaba en pañales frente a tal impacto y la emoción de ver esta ciudad antigua y aún viva, porque impresiona palpar cómo tanto resto arqueológico logra coexistir perfectamente con el comercio y el ruido propio en las calles, y como telón de fondo, está el castillo, que fue construido por el arqueólogo francés Jean–Marie Jacques de Morgan a fines de la década de 1890, como una base segura para la exploración y excavación arqueológica, aunque usó ladrillos y materiales de la antigua ciudad de Shush y del Zigurat Choqa Zambil para hacerlo. Tenía que decirse y se dijo: para conocer la historia, sacrificó parte de ella.

Esa noche salí a recorrer la ciudad, y después de unas cervezas sin alcohol y un té, yendo de regreso al único hotel que tiene Shush y mientras grababa la tumba del poeta Dibil Juzaí, dos tipos en motocicleta me detuvieron. Me preguntaron qué hacía y, con la confusión, entre mis cuatro palabras persas y el mediano uso del inglés entre todos, se tradujo en un momento tenso.

Claro, luego de respirar y llegar al hotel, pensé: ¿Es lógico que en una ciudad casi dormida a las 11 de la noche, un extranjero ande grabando una tumba? Hasta yo me cuestiono esta práctica, que ni siquiera la puedo justificar en una noche de Halloween.

10 de mayo, mi cuarto día de viaje y mi cumpleaños número 44. Un hombre de la generación X en una ciudad vieja y maravillosa

Ese día no estuve solo. Gracias a Topoli, me acompañó Mehdi Baqeri, un tremendo guía de 33 años que vive en Andimeshk. Es licenciado en Filosofía por la Universidad Alamé Tabatabai de Teherán. Me cuenta que ha realizado diversos trabajos, desde ser chofer hasta encargado de un almacén.

– ¿Qué te gusta hacer? –le pregunto.

Mehdi me responde que le gusta mucho viajar, ver películas, especialmente el cine iraní. Le gustan los cuentos cortos, admira a Chéjov y Dostoyevski, y entre los filósofos, destaca a Hegel y Marx. Además, agrega que participa mucho de actividades sociales.

– ¿Por qué Juzestán es especial para ti?

–Juzestán es especial por su pueblo. Tiene un pueblo muy diferente a las demás zonas de Irán y del mundo. Aquí hay una gran diversidad étnica en comparación con otras partes del país. Están los kurdos, lores, bajtiaríes, árabes e incluso turcos. Además, seguidores de diferentes religiones conviven aquí en Juzestán: no solo musulmanes chiíes y suníes, sino también cristianos y de otras religiones.

Y ya que estoy en sus tierras, le pregunto: ¿cuál es la importancia de Dezful y Shush para ti?

–Para mí, Shush es mucho más importante, ya que tiene una historia más antigua que la de Dezful. La historia de Shush –me dice– empieza hace 5000 años, pero la historia de Dezful se remonta a 2000 años atrás. Su historia empieza después de los aqueménidas e incluso después de los partos. Mientras en Shush, podemos encontrar religiones e incluso lenguas que ya han desaparecido totalmente.

Y así, luego de conocernos un poco, comprar agua y algo para comer en el camino, lo primero fue visitar Shushtar, un sistema hidráulico del siglo V a. C., que conduce las aguas del río Karún.

Se trata de un sistema de canales subterráneos, llamados *Qanats*, que conectan el río con depósitos privados de casas y edificios, y que proporcionaban agua para uso doméstico y para el riego, y lo que es mejor, aún están funcionando. Fue declarado Patrimonio de la Humanidad por la Unesco en 2009.

El calor pega fuerte en la ciudad, y para activarse hay que tomar café árabe. Un corto, ácido y amargo trago de café que permite combatir el desgano que generan los 40 grados de calor. Me dice Mehdi que en junio se perciben 50 grados de temperatura a la sombra y puede llegar a más de 60 a pleno sol.

De allí nos fuimos a Haft Tapé (Siete Colinas) en la ciudad de Kabnak, que se menciona en la historia como un importante centro político durante el reinado elamita de Tepti–Ahar, el último rey de la dinastía Kidinuid que gobernó en el siglo XV a. C.

Y por fin, después de cuatro días de viajes y aprendizajes, llegaba la tarde y yo contemplaba, entre tonos anaranjados, el Zigurat Choqa Zambil, construido alrededor del 1250 a. C. por el rey Untash–Napirisha para honrar al dios Inshushinak. Su área central alberga 11 templos para los dioses menores. Su plan inicial contemplaba 20 templos, pero el rey murió antes de que se terminara.

Es uno de los dos zigurats que mejor se han conservado hasta nuestros días fuera de Mesopotamia.

Las ruinas de Choqa Zanbil fueron declaradas Patrimonio de la Humanidad por la Unesco en 1979, el mismo año en que yo llegué a este mundo. Entonces, algo nos unía para siempre. Lo recorrí llenándome de esa energía que te da la historia, me abracé a los anhelos de aquellos años, pidiendo mis deseos a los dioses de este lugar, rodeado de ellos. Al dios del amor le agradecí; al dios de la guerra, le pedí fuerzas; a la diosa de la fertilidad, le dije: «Ayúdame a terminar este libro»; a la madre de los dioses, le pedí que cuidara a mi madre; y al sol, que me quemó la cara por cuatro días, lo vi partir como fin de cuento. Entre el calor sosiego de la tarde y este monumento como mi regalo, todo fue mío por un par de horas, y para siempre.

– ¿Cuál es tu deseo, Mehdi? –le dije.

–Uno de mis deseos –me responde– es ser escritor. Nunca he podido hacerlo. Ciertamente, escribí algunas cosas, pero nunca fueron muy buenas para ser publicadas.

Y entonces deseé que, si yo publicaba mi libro, su nombre estaría impreso en estas historias y que, así como a mí me motivó esta tierra para contar algo, espero que este filósofo persa rompa su propia autocrítica y titule un texto a su nombre.

Antes de acabar la tarde, Mehdi me deja solo un momento, mientras yo agradezco este atardecer. Luego regresa con un pequeño pastel y sobre este una vela, y me dice:

–*Tavalodet mobarak*, Osvaldo!

Yo, que había decidido estar solo en mi cambio de año, sin pensarlo, había convocado a un amigo.

–*Merci, mamnun*, Mehdi (muchas gracias) –le digo– por todo, por tu tiempo, tu paciencia y tu gran gesto.

Y de pronto, como si supiera el título de mi libro, me responde:

–*Qabel nadareh*.

Yo ya estaba alborotado de tanta magia, cansado de tanto calor y con un gran desafío por delante: enfrentar las 11 horas en bus de regreso a Teherán.

Kermán
«El punto más caliente del planeta»

Un lago en un desierto, y no cualquier desierto. Quiero hablarles del desierto de Lut, con sus increíbles *kalut* y un hito entre sus arenas: tener el registro histórico del punto más caliente del planeta.

Su nombre en persa es *Dash–e–Lut*, que quiere decir «el desierto del vacío».

Puede estar en el lugar número 25 por su tamaño a nivel internacional, pero en cuanto al calor, este hermoso espacio se queda con el primer lugar en temperaturas, sin discusión.

Hasta 70,7 °C ha registrado, siendo uno de los lugares más áridos e inhóspitos del mundo. Y no lo digo yo, sino los datos de 2005; imágenes de satélite lo ratifican. Este lugar, que tiene un área de unos 52 000 km², cuenta con una vida animal diversa, incluidos insectos, reptiles e incluso zorros del desierto, razones que le hacen merecedor de distintos reconocimientos, entre ellos, el ser declarado Patrimonio de la Humanidad por la Unesco.

Bueno, yo, en diciembre de 2019, leí que, por las lluvias, se había formado un lago en pleno desierto, atrayendo mucho turismo. Entonces, armé mi bolso y partí a Kermán, hasta llegar a un lago con lanchas incluidas, que escapaba de toda lógica.

Kermán es una linda ciudad, que me permitió conocer su bazar y también *Arg-e-Bam*, o la Ciudadela de Bam, que es un patrimonio de la Unesco por ser la ciudad de barro más grande y mejor conservada. Actualmente, restaurada tras el terremoto de 2013 que dañó la estructura, construida aproximadamente en el 500 a.C., se sitúa en plena Ruta de la Seda y estuvo habitada hasta 1850, pero no se sabe por qué fue abandonada.

En este lugar se rodó la película *El desierto de los tártaros* en 1976, dirigida por Valerio Zurlini, haciéndose mundialmente conocida.

También puedes visitar el Castillo de Rayén, con más de 1000 años de historia, hecho con ladrillos de barro, con grandes murallas, en las faldas de la montaña Hezar. Fue habitado hasta hace unos 150 años y, gracias a su restauración, se puede ver cómo funcionaba este complejo.

Imaginen un jardín en pleno desierto, pues este lugar también lo tiene: *Baq-e-Shazdeh* o Jardín del Príncipe, cerca de Mahan, que data del siglo XIX. Este es uno de los jardines persas que han sido reconocidos como Patrimonio de la Humanidad por la Unesco.

Definitivamente, Kermán te brinda un viaje digno del patrimonio iraní, reconocido a nivel internacional. Todo es patrimonio… todo es patrimonio… todo es patrimonio.

La perla del Golfo Pérsico
El puerto y las islas

Una de las cosas que más impresiona de Irán son sus contrastes. Un norte verde y montañoso, un centro desértico lleno de misterios, y un sur cálido con unas costas con aguas color turquesa, como el encanto del Golfo Pérsico.

Recuerdo que mi primer viaje a las islas del sur fue en junio de 2018, pleno verano, una fecha en que nadie osaría desafiar las altas temperaturas.

Fueron tres días que se tatuaron en mi retina.

La isla de Qeshm, llena de encantos. Todo muy simple y auténtico al mismo tiempo. Casas a medio construir y calles desiertas al mediodía porque, no miento, cuando digo que el termómetro puede fluctuar entre los 40 y 50 grados de temperatura. Eso sí, muchas casas tienen torres de viento para refrescar el interior.

Había escuchado que el Golfo Pérsico concentra mucho interés para el país, un lugar estratégico que une a Irán con todos los países ribereños, de ahí los acuerdos, las disputas, el comercio y mucho más.

Ese año viajé en pleno Ramadán, el mes sagrado de ayuno musulmán, y eso significa que la oferta de comida de restaurantes y de bebestibles se reduce a la mínima expresión.

La isla de Qeshm, la más grande de las islas en el golfo que pertenecen a Irán, está localizada en el estrecho de Ormuz, a tan solo 60 kilómetros de la costa de Omán.

Este lugar que cuenta con una gran diversidad de fauna y montones de extrañas formaciones geológicas, muchas de las cuales han sido declaradas Patrimonio de la Unesco.

Allí, la foto imperdible es junto a la playa, en un dromedario, donde te inspira mandar tu mensaje al mundo entero: «No te enamores de la gente, enamórate de los paisajes».

Este siempre ha sido considerado un punto de vital importancia. Tanto es así que, debido a su posición, durante siglos, la isla de Qeshm se consideró una zona estratégica e histórica.

Por esto, los portugueses la conquistaron y gobernaron durante 200 años. Esto se puede confirmar, ya que varias calles conservan sus nombres en portugués.

Recuerdo que el taxista que me llevaba, al final de la tarde, me recomendó un relajante baño en esas cálidas aguas.

Esto se replica en la isla de Ormuz, donde se sale temprano desde el muelle. Al llegar a esta otra isla, son muchas las sorpresas. Un servicio turístico absolutamente recomendado, que se basa en pagar por unos carritos adaptados a unas motocicletas, y allí la primera parada es la antigua fortaleza portuguesa. Permite buenas fotografías, pero no te puedes dejar seducir, si viajas por el día a la isla, ¡hay mucho que recorrer!

Las paredes rojizas de la fortaleza se deben al color de la isla, un verdadero «planeta rojo», con unos parajes alucinantes. Dicen que este lugar tiene una gama de hasta 90 tonalidades y eso lo conoces en el terreno.

El recorrido incluye también las cuevas de sal, que muestran otro mundo bajo la capa de tierra. Cuevas interminables de bellos y brillantes colores, y un calor que desafía a cualquiera. Recuerdo haber estado tan emocionado que no me detuve a pensar si algo viviente se atravesaba en mis piernas. Es mi temor siempre que camino en la oscuridad, y el foco de una linterna no permitía comprobar mucho más allá de mi nariz.

A Kish, conocida turísticamente como «La Perla del Golfo», he viajado en dos oportunidades, rompiendo mi propia regla de no repetir los destinos, porque siempre pienso que la vida pasa rápido y queda mucho por descubrir.

La primera oportunidad le llamé «*Kish non stop*», pues pasé solo 27 horas en la isla y literalmente fue una carrera contra el tiempo. Visité la ciudad de Kariz. El lugar está a unos 12 metros bajo tierra, con una altura de ocho metros. Esta ciudad subterránea contiene tres acueductos y 274 pozos, que incluyen sitios recreativos e instalaciones para visitar el antiguo acueducto de la isla de Kish.

Tiene más de 2500 años y suministraba agua dulce potable a los residentes de la isla.

Kariz tiene la facultad de estar incluida en la lista de monumentos antiguos más importantes del mundo por sus características únicas, al ser una isla de coral. La existencia de los canales de agua, o *Qanat*, la convierten en un lugar fresco. Además, cuenta con un techo lleno de fósiles y conchas, y su extensión supera los 10 000 kilómetros cuadrados.

Pero en esa oportunidad, luego de la ciudad subterránea de Kariz, me fui a la playa. Primero buceo y luego paravelismo y más tarde un recorrido por el golfo al caer la noche. Recorrer la isla en motocicleta eléctrica y, al día siguiente, la postal imperdible del barco griego encallado en la costa suroccidental de Kish desde el 25 de julio de 1966.

Es un barco a vapor gigante, de origen británico. Fue fabricado en Port Glasgow, Escocia, y botado al mar en 1943 bajo el nombre de Empire Trumpet. Veintitrés años más tarde, en 1966, la embarcación fue vendida a una empresa griega que la rebautiza como Khoula F, un nombre que quedó en el olvido, ya que siempre fue más popular su apodo de Barco Griego. Con este nombre se le conoce a uno de los puntos más populares de la isla.

Se hicieron muchos intentos por salvarlo cuando encalló en la isla, incluso con un remolcador de salvamento neerlandés que intentó reflotarlo, pero fue imposible. Se cuenta que, cuando la tripulación abandonó el barco, le prendió fuego y lo único que quedó fue su casco de acero.

A principios de diciembre de 2024, este, el símbolo de Kish, sucumbió ante el paso de los años, y lo corrosivo de la estructura. Esta postal cambió de forma y se partió en la costa, como una señal de decir, lo bello también se transforma.

La segunda oportunidad en que visité la isla fue por cuatro días; a este mismo recorrido sumé Harireh, una ciudad abandonada hace 800 años que se resiste a desaparecer. Harireh es probablemente la ciudad a la que el renombrado poeta iraní Saadi se refiere en su libro *Golestán*.

Hay antecedentes de historiadores iraníes y árabes sobre la ubicación de la ciudad en la isla. Dicen que la urbe que describe Saadi estaba ubicada en el centro de la parte norte, precisamente donde se encuentran las ruinas de Harireh, que me regaló el día de mi cumpleaños 42 uno de los atardeceres más increíbles que he tenido, solo, mirando el golfo entre las ruinas que hace ocho siglos habitaban los antiguos persas.

Una voz del Golfo Pérsico

Necesitaba a alguien que viera el reflejo de su rostro en las aguas del sur de Irán y, si bien yo conocí a varias personas en mis viajes, fue mi amiga Samaneh Kachouie quien me habló de Masumeh Qasemi. Lo conversamos y coordinamos una entrevista en un hotel en el centro de Teherán.

Le estábamos robando un tiempo valioso a la directora del periódico *Daryaye Andishe*, o *El Mar del Pensamiento* en español, pero, además, ella pertenece y es vocera de la directiva de la Casa de Prensa de Irán y también tiene una revista en la que escribe sobre los talentos y virtudes de las mujeres iraníes. Es decir, habíamos logrado un gran acierto, teníamos enfrente a una mujer que podía entender las necesidades y valores de la gente del puerto de Bandar Abbas y de los habitantes de Kish, Qeshm y Ormuz.

Le dijimos una hora y nos encontramos a las cuatro en punto en la recepción del hotel, y esa reunión se extendió hasta pasadas las 23 horas. Era todo tan interesante, que aprovechamos para conversar y grabar la entrevista, luego hablamos tomando un té y finalmente terminamos compartiendo la cena.

Masumeh nos contó que sus estudios de primaria fueron en la Escuela Mártir Asqar Qasemi, en la ciudad portuaria de Bandar Abbas. Allí también cursó la licenciatura en Gestión de Asuntos Culturales. Luego su máster en Gestión de Asuntos Culturales lo realizó en la ciudad de Isfahán y el doctorado en Gestión de Medios de Comunicación lo hizo en la isla de Kish.

Allí hablamos de lo humano y lo divino, de las ventajas de crecer en esta zona del país y, al mismo tiempo, cómo marca este lugar, las costumbres y ritos que dictan gran diferencia con el resto del territorio.

Es un lugar donde el calor marca, en muchos casos, las diferencias. La vestimenta es más colorida y ligera para soportar las temperaturas que superan por mucho los 40 o 45 grados en verano, y la influencia de países como la India o Pakistán también se deja ver. En las mujeres, el velo islámico o chador es muy delgado y la forma de usarlo es diferente, porque se usa con un estilo muy hindú, pero no deja de ser persa. Difícil de definir.

Masumeh nos cuenta que, al ser una zona donde la pesca es una de las principales actividades, la costumbre es que los hombres se vayan a trabajar por tiempos, a veces muy extensos, semanas y hasta meses y, en ese escenario, son las mujeres las que asumen un rol preponderante en el hogar, son las que deben proveer alimento, seguridad y cuidados a los hijos. Eso las hace fuertes, versátiles, y también desarrollan muchas capacidades artísticas, lo que las lleva a vender artesanía, confeccionar ropa y realizar otras actividades para sobrellevar la situación.

Al escucharla, parece que nos habla de un lugar mágico. Nos dice que las olas tienen una música distinta, que suenan diferente a las de otros puntos del país. «Cada lugar tiene su propia música», recalca. Y dependiendo de la hora del día, es como se puede apreciar. Por las mañanas, la brisa, el color y el olor te impulsan y, por la tarde, la puesta de sol te calma y hace reflexionar.

Es, sin duda, una descripción poética de una de las zonas más importantes para la economía del país, ya que, por aquí, entran y salen gran parte de los productos que impulsan la economía. Es uno de los motores de Irán.

Yo le pregunto por la denominación de la «Perla del Golfo Pérsico», como se le conoce a Kish, y me responde que este es un nombre que pertenece a otro sitio. Que ese nombre surgió en el puerto de Lengeh, que es el mejor lugar para cultivar perlas y que Kish lo hace propio en materia turística al ser una de las islas más visitadas.

Nos cuenta que, de pensar en ser dentista, terminó en periodismo y que fue una decisión que le ha traído grandes satisfacciones, aunque, con mucho sacrificio, comenzó como redactora, luego editora y terminó siendo directora del periódico. En 10 años, ella ha conseguido que el periódico *Daryaye Andishe* se posicione entre los medios con mayor prestigio en el país.

Yo le digo que su historia me genera muchas ideas, que me parece sacada de un cuento, que me la imagino a ella de niña narrándome todo esto, corriendo por Bandar Abbas y que, así como ella cuenta historias de mujeres en su revista, yo quiero narrar la historia de esta niña del puerto. Nos reímos un poco entre el té y la cena, y mi entrevistada me desafía a que les escriba la siguiente historia: «Un día en la vida de una niña llamada Masumeh».

La niña del puerto

Despertó agitada, como las olas cuando rompen en el muelle… Masumeh había soñado que, mientras iba en un autobús, dejaba el mar para siempre. Sentía sus pies secos y quebrados, y la garganta deshidratada al punto de no poder hablar.

Esa mañana se le hizo tarde para ir a la escuela. Salió corriendo por las calles de Bandar Abbas. Husein, el dependiente de la verdulería, le dijo: «*¡Sobh Bejeir!* (¡Buen día!)», y ella contestó con un grito: «*¡Salam!* (¡Hola!)», mientras se alejaba, perdiendo la dirección de la Escuela Mártir Asqar Qasemi y abriéndose camino hacia el puerto.

Sus compañeras escucharon la campana y entraron a la sala de clases, se sentaron y abrieron sus libros, mientras su profesora miraba al grupo preguntándose dónde estaría «la niña del puerto», como solía decirle a Masumeh.

A las 7:35 de la mañana, mientras todas las clases comenzaban en Bandar Abbas y los botes ya regresaban de la pesca, Masumeh se sentaba en los escalones del muelle, metía sus pies en el agua y, poco a poco, su corazón se calmaba al pulso y la música que ella dice escuchar de las olas.

Siempre intentaba explicarse el mundo de los adultos. Se imagina a ella misma vestida de vivos colores: quizá un azul como el mar, con un pantalón rojo con bordados amarillos, como los colores de la tarde cuando el sol se pierde en Bandar Abbas, y su chador con tonos verdes, como los arrecifes de coral. Le gusta mucho el verde, tanto que siente que un día el color turquesa de las aguas se fijará en su pelo largo.

A sus 8 años, está llena de sueños, de ganas y de ideas de hacer cosas. Ella imagina que, para reparar la dentadura de su abuela, ella quiere ser dentista, así reparará su prótesis y la de su madre si hace falta y la de ella misma. «Todo gratis», dice Masumeh. Sí, su consulta será gratuita.

Otra de sus aficiones es contar lo que tiene Bandar Abbas. Masumeh no ve más mundo que su puerto y las islas. Ella reconoce todas las bondades de la gente del sur y de sus mujeres. Por ejemplo, cuando los hombres se van a la pesca por semanas o meses.

«¡Ser un hombre de negocios no es tarea fácil!», es lo que siempre escucha de su padre, y ella se pregunta: ¿Y ser mujer lo es?

Masumeh describe a las mujeres del sur como pacientes, esforzadas y artistas. Claro, a sus cortos años, ve que, en ausencia de sus esposos, son las mujeres las que dirigen la casa, trabajan para tener sustento, hacen todo lo necesario. Pero también son artistas, sensibles y bellas. «Son perfectas», dice Masumeh. Entonces, quiere ser periodista y entrevistarlas, y quiere ser la reportera, porque quiere estar en contacto directo con la fuente informativa y también quiere ser la editora, para revisar lo que será publicado, y quiere luego tener una revista de mujeres y, además, dirigir un periódico y quiere ser miembro de la junta directiva de la Casa de Prensa de Irán, allí en una mesa de muchos hombres, ella será la voz de la mujer del sur, piensa. Sí, ¡quiere ser periodista!

Pasaron rápido las horas, y Masumeh se dio cuenta de que estuvo mucho tiempo mirando el mar y que no fue a la escuela, y que su madre la retaría. Pero también se puso a pensar: ya es miércoles (*chaharshanbé*), comienza el fin de semana y, por la noche, está el matrimonio de mi prima y todos andan locos en casa con los preparativos, los vestidos, la peluquería… y piensa que nadie notará que ese día ella quiso tomar clases del mar, de la naturaleza, y que aprendió mucho de Bandar Abbas mientras soñaba con los ojos abiertos. Le diría a su madre que sería dentista y que sería periodista, y que, además, sería una artista famosa en sus tiempos libres y que aprendería a bordar sus propios vestidos. Sí, ella sería una diseñadora de moda y exportaría sus diseños a todo el mundo.

Había un detalle que Masumeh fue pensando mientras regresaba del muelle.

El sábado (*shanbeh*) ella y sus compañeras irían de viaje. Su profesora había organizado una visita por la ruta de las islas del Golfo Pérsico. Para Masumeh, esta era toda una aventura y, por ende, no podía enfadar a sus padres. Entonces pensó en qué debía hacer para reivindicarse: contar la verdad u ocultar algunos detalles para evitar un castigo innecesario.

«¡Ah!», diría que salió tarde y no alcanzó a entrar a clases. Entonces, caminando a casa, de pronto se encontró con el puerto. Mmm, pero sería poco creíble. Mejor sería ser sincera y decir que «una amiga» tenía problemas, que fue a apoyarla y que su amiga estaba sentada en el muelle. Pero después recordó que todas sus amigas habían ido a la escuela. También recordó que una vez su mamá le había dicho que existían las mentiras blancas, que no eran malas, sino que se decían para no dañar. ¿Sería esa una opción?

Pues, no, nada calzaba con los hechos. Y entonces dijo que mentiría con la verdad: «Mamá, soñé que me secaba, que me perdía del mar, y mis pies y garganta estaban secos. No te pude hablar para decirte que iría al muelle en lugar de la escuela, que iría a mojar mis pies y sentir las olas. Por favor, discúlpame».

Su madre no le creería, por cierto, y buscaría saber «su» verdad y llamaría a la escuela y preguntaría. Le dirían que Masumeh no fue a clases y llamaría luego a Reza, un amigo de su esposo que trabaja en el puerto, y él le diría que su hija no hizo nada malo, que él la vio sentada y que la observó hasta que se fue. Al ver que lo que parecía una mentira era la pura verdad, en lugar de castigarla, le daría un premio: una libreta para sus apuntes de reportera por la Perla del Golfo.

Pero nada de eso pasó. Su madre andaba preocupada del matrimonio, y después de tanto pensar en lo que le diría ella para evitar el castigo, su madre jamás preguntó ni supo de esa falta al colegio, solo le gritaron: «¡A la ducha! ¡Se hace tarde! ¡Tu vestido! ¡Tus hermanas están listas!».

Masumeh tiene dos hermanas que son muy pretenciosas y dos hermanos que la miran desde arriba, como dice ella, y que la cuidan. Por eso, cuando va al mar, habla con las gaviotas porque sabe que ellas les darán el mensaje a sus hermanos. Masumeh dice que las gaviotas son chismosas y que no se guardan nada, así que está segura de que siempre les dan los mensajes.

¿Cómo titulará su reportaje sobre las islas? Aún no lo sabe, pero quiere desmitificar la historia de la «Perla del Golfo», como le llaman a Kish. Ella dice que su padre le contó que el puerto de Lengeh es el mejor lugar para cultivar perlas, y de ahí viene ese nombre; Kish lo tomó prestado para decir que, en términos turísticos, es una verdadera joya. También quiere hablar de los encantos de Qeshm o la influencia portuguesa en Ormuz, o no, mejor hablará de los 90 colores de esta hermosa isla, que permiten a los locales preparar el *zurog*, un plato a base de pescado con esta misma tierra que tanto les enorgullece.

Masumeh se viste rápido, sabe que lo pasará muy bien en el matrimonio; habrá mucho que comer y sin duda estará su plato favorito, *havari mahi*, una preparación de pescado con arroz increíble. Todos van contentos mientras ella se arregla el chador, como solo las mujeres del sur lo acostumbran, un cruce que habla de la influencia de La India en la zona. Ella es iraní, pero con sus propias costumbres, ancladas entre tantas tradiciones.

En ese momento, recuerda que, como faltó al colegio, olvidó que debía recitar un poema de Sohrab Sepehri. Lo había estudiado mucho, y se pregunta qué hará ahora cuando le pregunten: «¿Cómo te fue?»

Masumeh, que piensa mil cosas por segundo, comenzó a repetir en silencio:

Los paraguas debemos cerrarlos.
En la lluvia debemos caminar.
Los pensamientos y los recuerdos debemos llevarlos bajo la lluvia.
Con toda la gente de la ciudad, bajo la lluvia debemos caminar.
Al amigo debemos llevarlo bajo la lluvia.

Chabahar
Mentat war Waja (Gracias, Señor)

Levanto la cabeza y veo el color turquesa que envuelve a las tierras de Chabahar. Tengo a la vista el mar de Omán, desde la costa de Makran. He llegado a la provincia de Sistán y Baluchistán, en el sur de Irán, para alcanzar otra frontera: Paquistán.

Esta ciudad, la más meridional del país, es un puerto libre, una zona de libre comercio donde se mezclan las culturas. Por las calles, los hombres visten el traje típico baluchí: una camisa de tela liviana que llega hasta las rodillas y un pantalón muy, muy amplio, que permite soportar las altas temperaturas. Las mujeres, de un atuendo muy colorido, ropas bordadas a mano y un chador de gasa estampada. Una tela más transparente que sin duda tiene referencias de La India.

Lo propio con las comidas, un tanto picantes, y por las tardes, largas conversaciones en una esquina de la calle con un té con leche. Hombres en motocicletas, reunidos junto a un señor que ha puesto su improvisado negocio, con una tetera siempre hirviendo para mezclar la leche y el té como un ritual de hermandad.

Caminar por las costas de la ciudad es un espectáculo. Las playas se disfrutan desde lo alto de la montaña, como seduciendo al nado, pero sin tocar el agua.

Me he enamorado de Chabahar a primera vista. Aún no conozco nada, pero siento el pecho acelerado, queda tanto por descubrir y yo soy tan humano que no sé por dónde comenzar.

Así, en simple, les puedo decir que he venido a la tierra de las maravillas. En la carretera Kahir, me asombra uno de los fenómenos considerados fascinantes y raros de la naturaleza: un volcán o manantial de lodo. Con un pequeño esfuerzo, llego a la cima de esta forma cónica en constante actividad. No podrían creer lo que se siente de estar allí, viendo la tierra viva, respirando… respirándome.

Otra parada es *kuh-haye-Merrijí*, o las montañas Marcianas. Suelen ser una de las partes más importantes de los ecosistemas naturales. Estas montañas son tan hermosas que se han vuelto mundialmente famosas. Me señalan que, en contraste con los grises de este espacio, veremos frutos tropicales y acepté el desafío planteado en medio de un camino recto y las montañas propias de esta zona, que les llaman las montañas marcianas.

Y así, en una vuelta en 180 grados, llegamos a las huertas de frutos tropicales. Aquí dan ganas de caminar; los árboles dan paso a una brisa que refresca en medio de las altas temperaturas.

Y para terminar el día y este viaje por tierras baluchíes, me atrapo con la puesta de sol en Darak, donde el agua del mar y las arenas del desierto se encuentran como fantasía y realidad.

Enamórate de los lugares en los que nunca has estado, tatúalos en tu retina, en tus historias y en tus fotografías. Así sabrás que eres testigo de lugares mágicos que has sido capaz de descubrir, más allá de las distancias.

Pero yo les dije, las cálidas aguas dan la bienvenida e invitan a caminar por los límites del sureste del territorio persa, entre los botes de pescadores y uno que otro turista que captura momentos de este mágico lugar, que sorprende por su simpleza.

Tomo una lancha en un día perfecto, donde los delfines también hacen parte del paisaje. Luego, los manglares: estos ecosistemas que son de vital importancia para el medioambiente. Están presentes en más de 100 países, pero solo cubren el 0.1 % de la superficie de la Tierra. Y allí, las fronteras naturales desdibujan los límites geográficos, se mezclan las culturas, las costumbres y los sabores, y de esa mixtura logro empaparme yo. Porque conocer es también hacerse parte de esta unidad que encierra, en este caso, Gwadar, o el punto fronterizo con Paquistán.

Sahel-e-Komb, o las costas de Komb, es una terraza natural que mezcla la aridez del terreno con el turquesa del mar. Esta playa rocosa es muy alta, y los turistas generalmente no pueden ir al agua, deben observar la belleza desde arriba.

Las montañas son grisáceas y, más adelante, me espera otra sorpresa. Pero antes, *Talab-e-Surati*, o laguna de Lipar, una laguna rosa, nos recibe en completa calma, donde contemplo el arte del tatuaje de henna.

Gratamente, he superado mis expectativas en este viaje. Y ese es el objetivo: dejarse sorprender paso a paso por los caminos interminables de este rincón de Irán.

En todo este viaje, me acompañó Imran Hoath, el guía que, desde el día uno, quiso que esta experiencia fuera única. Me llevó a su casa, me presentó a su madre, y ella me regaló un traje baluchí que no dejé de usar en todo mi viaje.

Le pregunté cómo describiría Chabahar y su trabajo de guía, y me señala que es la misma historia de amor entre una madre y su hijo. Me dice que Baluchistán y Chabahar son la misma madre a la que no le mostraron el cariño durante muchos años, y a pesar de todas las dificultades, sigue al lado de sus hijos e intenta cuidarlos. Y me destaca: «Nosotros somos los hijos de esta tierra, los hijos de Baluchistán, por lo que tenemos deberes ante esta tierra. Trabajar en el ámbito de turismo me da la sensación de que debo esforzarme por presentar de mejor manera esta tierra; esa es la principal razón de mi interés por este trabajo».

—Imran, ¿qué busca el turista al venir aquí?

—La mayoría de las personas que han viajado aquí lo han hecho por la naturaleza, la historia, la cultura y todo lo que encierra esta tierra. El primer punto al que se refieren es que, a pesar de todos los defectos, como la infraestructura y las limitaciones que aquí existen, los atrae su gente: la hospitalidad y el cariño que muestran hacia las personas han motivado a que, en los últimos años, más turistas viajen a esta tierra con una visión positiva».

—¿Cuál es tu objetivo?

—Me esfuerzo para que cada turista que viaje a esta tierra deje una parte de su corazón aquí, entre esta gente, esta cultura, esta historia. Este es mi principal objetivo y he trabajado mucho al respecto. Definitivamente, esta es una parte de nuestro querido Irán, una parte de la cultura iraní. A pesar de todo, la gente ha preservado su cultura, su lengua, su música y su arte.

—Si pudieras pedir un deseo, ¿cuál sería?

—Es larga la lista de mis deseos, pero mi deseo más importante es para mi tierra, Baluchistán. Deseo que tengamos mejores días para esta gente, y que quienes aquí viven consigan lo que merecen. Deseo lo mejor para la gente de Baluchistán. Deseo un cambio de visión sobre esta gente y profundas sonrisas para la gente de mi tierra.

—Define Chabahar.

—Para describir Chabahar y su belleza, se pueden encontrar muchas palabras, pero a Chabahar se le conoce por su naturaleza, su mar, su música, su baile, sus barcos pesqueros y su gente hospitalaria.

—Y para terminar, ¿qué me puedo llevar de esta tierra?

—En esta tierra, en esta tierra, en esta tierra, en esta tierra pura, no plantemos excepto cariño, excepto amor.

¡Chao, Imran! ¡Hasta pronto, Chabahar!

Yolfa
Conocer la triple frontera por Tarof

Visité a la piojo en Yolfa, junto a la ribera del río Aras que refleja las montañas de Azerbaiyán y Armenia. Ya conocía la zona, había visitado Tabriz, Ardebil, pero nunca Yolfa, que quizá no hubiese siquiera escuchado a no ser por mi amiga, *la piojo*. Un seudónimo, que pese a sonar peyorativo, hacía alusión a un ser querido y casi indefenso. Tanto así que, a mis sobrinos en Chile, les digo mis piojos, con todo el cariño que puedo tener hacia ellos.

Así sentí a Zeinab, una chica que llegó a trabajar a Hispantv, el canal en el que yo trabajo. La vi sentarse en ese asiento que le quedaba grande. Uno de mis jefes (y sin dudarlo uno de mis mejores amigos) Seyed Keyvan Mohsenin, llegó a pensar que era hija de algún superior a él, por parecer una niña. Les recuerdo que él ya es un jefe. Pues, pasaron los días y vimos a Zeinab tratando de salvar la jornada entre el estrés, las lágrimas, el fracaso de algún contacto para entrevista y caer rendida en los turnos de madrugada, en ese asiento que dejaba ver la diminuta figura de *la piojo*, que para no dejarla mal en este relato, debo reconocer que creció en espíritu, se puso los zapatos del cargo y no la volvimos a ver llorar, sino más bien tomar sus propias decisiones, hasta partir del canal para buscar su futuro en un tremendo bosque, que debe recorrer sola, para crecer tanto como sus sueños, que cambian como los vientos que la llevaron de vuelta a Yolfa, nuevamente, a sus tierras de niñez.

«Ven a verme, Osvaldo, yo te espero y te enseño mi ciudad», fue lo que me dijo la última vez que la vi en Teherán y como para mí una invitación puede ser la llave a una nueva experiencia, aproveché un fin de semana libre, compré un ticket de vuelo (o mejor dicho me lo compró Seyed) y cuando todo estaba listo, apenas terminé el turno un viernes a las 22 horas partí al aeropuerto Mehrabad. A las 23 horas ya estaba montando el avión, a la una de la madrugada aterrizaba en Tabriz para tomar un taxi que a las tres me dejaba en el hotel en Yolfa. Por la mañana, *la piojo* estaba lista para recorrer, y yo para descubrir. Nos saludamos después de un buen tiempo de no vernos y me dice, no pensé que vendrías. Yo respondí, pero si tú me invitaste, y me replica, pero no pensé que vendrías. Allí reaccioné y le expresé, ¡¡¡piojo!!! ¿me invitaste por *tarof*?… Noooooo, responde ella, jamás. No lo veas así. Es *tarof*, Zeinab, llevo seis años en este país y me invitaste por *tarof*. Mientras le decía eso, ya pensaba en escribirlo en este libro para terminar de plasmar esta aventura. Y le dije, pues así titularé tu capítulo y terminamos riéndonos de la situación. *La piojo*, me dice, mira esas casas sobre esas montañas, ya es Azerbaiyán. Yo abrí los ojos de asombro, quería fotografiar, quería registrarlo. El día era perfecto, tenía a una pequeña gran guía y el tiempo en contra para recorrer todo. Me dicen, tranquilo, iremos más cerca, casi tanto, como para que puedas tocar las montañas del país vecino. Y tomamos rumbo hacia el río Aras. Sus aguas bañan el borde de cada país, y son la antesala de uno de los puntos más atractivos de la ciudad.

El Monasterio de San Stepanos es uno de los sitios religiosos de mayor importancia histórica de Irán y hasta allí llegamos el primer día. Este monasterio medieval ha desempeñado un papel fundamental en la vida religiosa de la comunidad armenia en Irán. El templo dedicado a San Stepanos, el primer mártir cristiano, es un testimonio de las profundas raíces del cristianismo en la región. El monasterio tiene sus orígenes en el siglo IX, durante un período en el que la Iglesia Armenia jugó un papel vital en la configuración del paisaje cultural y espiritual de la zona y fue reconocido como Patrimonio de la Humanidad por la UNESCO en 2008. Te atrapa el encanto del lugar, que conserva de forma intacta su puerta original, entre las montañas, los árboles y un té calentado al carbón en una botella metálica, negra por el tizne del fuego que ahúma esa bebida caliente. Quiero más, pero debemos partir, para ver el atardecer entre el ruido del río, la guardia fronteriza de Armenia y el Puente de Hierro y las tumbas fronterizas de los mártires de la Segunda

Guerra Mundial, que se encuentran en el punto cero de la frontera entre Irán y Azerbaiyán. Al día siguiente, y tras recorrer una cascada que se le conoce como molino estropeado en español o Asiab Jarabeh, y los baños de Kordasht, la sorpresa continuaba a un par de kilómetros, siempre al borde del río Aras, mirando las montañas de ambos países, hasta el punto en el que mágicamente vimos desde el suelo iraní, solamente separadas por el río, las montañas que siendo las mismas, pertenecían a Azerbaiyán y Armenia, con la línea del tren interrumpida, para dar cuenta de los conflictos no resueltos entre ambos países. Todo era perfecto, el día, el azul del cielo, el marrón de las montañas, el pasto medio seco en el otoño, mi amiga *la piojo*, su tío, las fotos y uno de los más gratos recuerdos que me ha dejado el *tarof* iraní. ¡Qué no fue *tarof*! replicaba Zeinab, entre lágrimas por la despedida. Claro que yo lo sabía, pues nada me conectaba más con *la piojo* que su sincera amistad. Me presentó a su familia, comí en su casa, fui invitado a una cena de despedida y al caer la segunda noche nos dijimos adiós y nos deseamos suerte en Jayeh Nazar Caravansaray, hoy un parque, que antaño fue uno de los puntos que vio fluir el comercio de la Ruta de la Seda. Allí, en el borde de Irán, frente a las montañas rojizas de Azerbaiyán, me despedí finalmente de *la piojo* y en cierta forma de Irán, al pensar en cerrar este libro que tengo el gusto de que tengas entre tus manos.

PENSANDO EN EL RETORNO LUEGO DE SIETE AÑOS EN UNO DE LOS PAÍSES CUNA DE LA HISTORIA

REGRESO

Me piden que vuelva,
yo borré el camino.
Torturé mi infancia,
con la distancia que aprendí a vivirla,
y me piden que regrese,
como si mi historia fuera vuestra,
como si mis pasos fueran suyos.

Me piden que vuelva.
Si yo mismo talé el bosque,
no me perdí entre los árboles,
me hice parte de ellos.
Y me piden que regrese,
a quebrar vasos,
a soñar los sueños suyos.

Me piden que vuelva,
a probar aquellas sopas
que tanto tomé,
que sorbeté cuando niño.
El niño que no soy,
la sopa que ya he bebido.

Estoy en un dilema.
Me piden que yo vuelva
y yo deshice el nido.
Y lo cambié por arena
y voces de enemigos.
Quieren salvarme de los miedos suyos,
que son distintos a los míos.

Abrazo estos días, en los que empaco recuerdos,
en los que guardo emociones,
para cuando me sienta perdido.
Cuando me vuelva vacío
y esté a salvo de mí mismo.
Entiendan, yo el que regresa,
ya me he perdido.

Creceré en las mismas tierras,
de las que escapé desnudo.
Veré las tardes suyas
y acunaré los sonetos perdidos.
Costó tanto encontrarme,
para sentirme otra vez perdido.

Cuesta tanto esta vida que yo no vivo,
manejo rumbo a un terreno baldío,
donde no están mis sueños,
donde estaré pisando zapatos que no son los míos.

Una tarde más,
así será mi calendario.
Arrancado de mis propios sueños,
por sueños que no son los míos.
Yo entiendo su vacío,
pero sus tardes tranquilas,
no dan sosiego al que reencontrarán.
Ese, el que era, se ha perdido.